문예신서
302

아이러니와 모더니티 담론

에른스트 벨러

이강훈 · 신주철 옮김

東 文 選

아이러니와 모더니티 담론

Ernst Behler
Irony and the Discourse of Modernity

This edition was published by arrangement
with University of Washington Press, Seattle
through Bestun Korea Agency, Seoul

차 례

서 문

이 글은 1986년 11월 워싱턴대학교에서 있었던 교수들의 연례 발표회에 제출하였던 것이었는데, 워싱턴대학교출판부의 요청으로 현재와 같은 모습으로 확장되었다. 따라서 발표회 때의 내용에 상당한 부분이 첨가되었으나 원래 아이디어의 방향이나 논점은 계속 유지하고 있다. 첨가된 내용은 모두 예시나 예증을 위한 것으로 발표회라는 제한된 상황에서는 불가능했던 문제들과 특수한 논점들을 좀더 발전시키기 위한 것이다.

지금까지 그러했듯이, 워싱턴대학교에서의 교수들의 개별적인 연구 주제는 보다 넓은 관심거리를 형성하는 데 기여해 왔다. 필자의 경우 아이러니라고 불리는 말과 글의 수사적 표현을 통해 우리의 역사적 위치, 모더니티의 위상, 전통과의 관계라는 문제를 탐색하였다. 물론 아이러니를 문학적인 의미에 한정된 것으로 받아들여서는 안 된다. 여기에서 아이러니는 완곡한 표현이나 수사적 구성처럼 넓은 의미에서 또 다르게 표현하는 방식, 오늘날의 인문학과 과학적 담론의 특징인 간접적 소통 방식의 하나로 이해해야 한다. 연구는 이 글에서 다루고 있는 사상가들과 그들의 주제로 자연스럽게 이어지는데, 필자는 이 모든 것들을 현재 우리의 관심거리에 좀더 밀접하게 연결시키고자 한다.

외국어로 된 문헌을 인용할 경우 가능한 기존의 영어 번역을 사용하였으나 항상 원문과 비교하였으며, 기존의 번역이 없을 경우 필자가 직접 번역하였다.

에른스트 벨러

1989년 3월, 시애틀

약 어

이 책에서 사용된 약어는 다음과 같다.

AMT   Charles de Saint – Evremond, *On Ancient and Modern Tragedy*, in *The Works of M. de Saint – Evremond* (London, 1928), available in Scott Elledge and Donald Schier, eds., *The Continental Model* (Ithaca: Cornell University Press, 1970), 123-30.

AWS   August Wilhelm Schlegel, *Kritische Ausgabe seiner Vorlesungen*, ed. Ernst Behler with the collaboration of Frank Jolles, 6 vols. (Paderborn – München: Schöningh, 1989-).

BP   Blaise Pascal, *Oeuvres complètes* (Paris: Gallimard, 1956).

CI   Søren Kierkegaard, *The Concept of Irony with Constant Reference to Socrates*, trans. Lee M. Capel (New York: Harper and Row, 1965).

CIS   Richard Rorty, *Contingency, Irony, and Solidarity* (Cambridge: Cambridre University Press, 1989).

CRF   Madame de Staël, *Considérations sur la Révolution française*, ed. Jacques Godechot (Paris: Tallendier, 1983).

D   Jacques Derrida, "Différance," in *Speech and Phenomena and Other Essays on Husserl's Theory of Signs*, trans. David B. Allison and Newton Garver (Evanston: Northwestern University Press, 1973), 129-60.

DAM   Bernard le bouvier de Fontenelle, *A Digression on the Ancients and the Moderns*, in *The Continental Model*, ed. Scott Elledge and Donald Schier (Ithaca: Cornell Univerity Press, 1970), 358-70.

DM   Jürgen Harbermas, *The Philosophical Discourse of Modernity: Twelve Lectures*, trans. Frederick Lawrence (Cambridge: MIT Press, 1987).

DP   John Dryden, "An Essay of Dramatic Poetry," in *Essays of John Dryden*, ed. W. P. Ker (New York: Russell and Russell, 1961), vol. 1, 64-126.

E   *Encyclopédie ou dictionnaire raisonné des Sciences, des Arts et des Métiers, par une Société de Gens de Lettres*, 35 vols. and 3 vols. (Geneva: Pellet, 1777).

EM   Jacques Derrida, "The Ends of Man," in *Margins of Philosophy*, trans. Alan Bass (Chicago: The University of Chicago Press, 1982), 109-36.

FN   Friedrich Nietzsche, *Kritische Studienausgabe*, ed. Giorgio Colli and Mazzino Montinari, 15 vols. (Berlin: de Gruyter, 1980).

다음과 같은 니체의 저작들은 번역본을 사용했다.

BT   Friedrich Nietzsche, *The Birth of Tragedy and the*

Case of Wagner, trans. Walter Kaufmann (New York: Random House, 1967).

DB   Friedrich Nietzsche, *Daybreak,* trans. R. J. Holling – dale (Cambridge: Cambridge University Press, 1982).

GE   Friedrich Nietzsche, *Beyond Good and Evil,* trans. Walter Kaufmann (New York: Random House, 1966).

GM   Friedrich Nietzsche, *On the Genealogy of Morals: Ecce Homo,* trans. Walter Kaufmann and R. J. Hol – lingdale (New York: Random House, 1969).

GS   Friedrich Nietzsche, *The Gay Science,* trans. Walter Kaufmann (New York: Random House, 1974).

HH   Friedrich Nietzsche, *Human, All Too Human. A Book for Free Spirits,* trans. R. J. Hollingdale (Cam – bridge: Cambridge University Press, 1986).

TI   Friedrich Nietzsche, *Twilight of the Idols: The Anti–Christ,* trans. R. J. Hollingdale (New York: Penguin Books, 1968).

UM   Friedrich Nietzsche, *Untimely Meditations,* trans. R. J. Hollingdale (Cambridge: Cambridge University Press, 1986).

FS   Friedrich Schlegel, *Kritische Ausgabe seiner Werke,* ed. Ernst Behler with the collaboration of Jean–Jacques Anstett, Hans Eichner, and other specialists, 35 vols. (Paderborn–München: Schöningh, 1958–).

다음의 저작은 번역본을 사용했다.

LF   Friedrich Schlegel, *Lucinde and the Fragments,* trans. Peter Firchow (Mineapolis: University of Minnesota Press, 1971).

GWFH   Georg Wilhelm Friedrich Hegel, *Werke in 20 Bänden* (Frankfurt: Suhrkamp Taschenbuch Wissenschaft, 1986).

HL   Richard Rorty, "Habermas and Lyotard on Postmodernity," *Praxis International* 4 (1984): 32-44.

HN   Martin Heidegger, *Nietzsche,* trans. David Farrell Krell and others, 4 vols. (San Francisco: Harper and Row, 1979-85).

M   Jürgen Habermas, "Modernity—An Incomplete Project," trans. Seyla Ben-Habib, in Hal Foster, ed., *The Anti-Aesthetic: Essays on Postmodern Culture* (Port Townsend: Bay Press, 1983), 3-15.

OG   Jacques Derrida, *Of Grammatology,* trans. Gayatri Chakravorty Spivak (Baltimore: The Johns Hopkins University Press, 1974).

OL   Madame de Staël, *De la littérature considérée dans ses rapports avec les institutons sociales,* ed. Paul van Tieghem (Geneva and Paris: Droz, 1959).

PAM   Charles Perrault, *Parallèle des Anciens et des Modernes en ce qui regarde les arts et les sciences,* ed. Hans Robert Jauß (Munich: Kindler, 1964).

PC   Jean-François Lyotard, *The Postmodern Condition: A*

Report on Knowledge, trans. Geoff Bennington and Brian Massumi, foreword by Fredric Jameson (Minneapolis: Uni-versity of Minnesota Press, 1979).

QC   Jürgen Habermas, "Questions and Counterquestions," in Richard J. Bernstein, ed., *Habermas and Modernity* (Cam-bridge: MIT Press, 1986), 192-216.

R   David Hume, *Of the Rise and the Progress of the Arts and the Sciences*, in *Essays, Literary, Moral and Political* (London: Ward, Lock, and Co., n.d.), 63-79.

SSP   Jacques Derrida, "Structure, Sign, and Play in the Dis-course of the Human Sciences," in *Writing and Difference*, trans. Alan Bass (Chicago: The University of Chicago Press, 1978), 278-93.

SW   Heinrich Heine, *Sämtliche Werke*, ed. Klaus Briegleb (Munich: Hanser, 1971).

TA   Jacques Derrida, *D'un ton apocalyptique adopté naguère en philosophie* (Paris: Edition Galilée, 1983).

1
현대 사상에서의 모더니즘과 포스트모더니즘

    오늘날 비판적이고 철학적인 논의를 지배하고 있는 주제들 중에서 특히 무엇이 모더니티의 특수한 위상을 구성하는가라는 문제는 거의 하루가 다르게 그 영역과 관심을 넓혀 가고 있는 것으로 보인다. 여러 가지 명칭의 모더니티 문학, 우리 시대 모더니티의 기원, 시대적 단절, 또는 사유 방식에서 패러다임상의 변화 등의 문제는 끊임없이 증가하고 있다. 물론 이러한 여러 현상은 20세기말이라는 우리의 역사적 위치를 반영하는 것이다. 그러나 모더니즘의 정의와 그 구체적 특징을 찾으려는 노력은 베이컨과 데카르트에게서 처음 시작된 것인 만큼 현대 자체만큼이나 오래된 것이다. 자기 확신의 필요성과 결합된 시간에 대한 자아 반영적 의식이 현대의 모든 양상에 걸쳐 아주 자연스럽게 나타난다. 모던하다는 것은 본질적으로 과거의 실증적 모델로부터의 단절, 세계를 보는 습관적 방식의 탈중심화, 스스로 규범적인 기준을 만들어 내야 하는 필요성을 의미하기 때문이다. 그리고 이러한 사실은 필연적으로 모더니티를 구성하는 새로운 시작의 순간이 끊임없이 스스로를 반복 생산하는 방식의 미래를 암시한다.

    이와 같은 생각은 17세기 후반 이후 모더니티 문제를 주제로 확립하면서 동시에 그에 따른 본질적 문제를 드러내는 철학적이기도 하고, 약간은 문학적이기도 한 글에서 나타나기 시작했다. 모더니티에 대해 쓴다는 것, 특히 자기 시대의 모더니티에 대해 쓴다는 것은 필연적으로 역사를 만들어 내는 행위이며, 모더니티를 과거로 추방하는 행위이다. 어떠한 직접적 글쓰기도 이 역설로부터 벗어날 수 없다. 시간에 대한 가장 극단적인 표현으로서 모더니티는 계속해서 스스로를 태워 소진시키는 끝없는 도화선과 같다. 이러한 본질적 역설과 관련해서 니체는 "존재는 단지 단절되지 않고 이어져 온 것, 스스로를 부정하고 소진시키며 모순을 통해서 살아가는 것"[1]이라고 썼다. 푸코는 같은 문제를 약간 비틀어 철학의 과제는 오늘을 설명하는 것, 오늘날 우리가 무엇인지를 설명하는 것이라고 주장한다. 그러나 동시에 그는 오늘을 엄청난 저주의 순간이나 새로운 태양이 떠오르는 서광의 아침이라고 주장하지 말 것을 권고하며 다음과 같이 덧붙인다. "오늘은 다른 날들과 다를 바 없는 날, 또는 결코 다른 날들과 똑같지 않은 날일 뿐이다."[2]

1

포스트모던, 포스트모더니티의 개념은 바로 이러한 생각에서 생겨난 것이며, 고도의 역설적 구조로 인해 그 개념은 본인의 몇몇 인문학부 동료들의 가장 큰 골칫거리가 되었다. 후기자본주의자, 후기구

---

1) Friedrich Nietzsche, "On the Uses and Disadvantages of History for Life," in *Friedrich Nietzsche, Untimely Meditations*, trans. R. J. Hollingdale (Cambridge: Cambridge University Press, 1983), 61.

2) Michel Foucault, "Um welchen Preis sagt die Vernunft die Wahrheit?—Ein Gespräch," *Spuren-Zeitschrift für Kunst und Gesellschaft* nos. 1-2 (1983): 7.

조주의자, 후기페미니스트, 후기핵시대 등에서처럼 포스트라는 접두사는 새로운 시기, 전시대와는 다른 또 다른 시대, 말하자면 과거로부터의 해방을 암시하는 듯하다. 그러나 새로운 명칭의 부재는 이 접두사가 기존의 체계를 완전히 삭제하지 않은 채 그 체계를 거부하는데 만족한다는 사실을 보여 준다. 하지만 포스트모던의 경우는 문제가 다르다. 시기를 지칭하는 명칭으로서 모던이라는 것이 이미 가장 앞선 것인 만큼 이를 앞서는 또 다른 표현이 불가능하기 때문이다. 따라서 포스트모더니티는 모더니티의 위상을 직접적이고 의미 있는 방식으로 다루어야 하는 필요성과 그 불가능성을 완곡한 표현, 수사적 구성, 좌절을 통해 간접적으로 논의하는 아이러니의 개념으로 자신을 드러낸다. 포스트모더니티는 그 비틀린 형태로 인해 이러한 역설에 대한 인식, 결과적으로 거꾸로 된 시각을 통해서만 모더니티의 위상을 바라볼 수밖에 없다는 인식을 의미하는 듯하다.

오늘날 많은 글에서 사용되는 그 용어 속에는 대체로 이상과 같은 의미가 함축되어 있는 듯하다. 이러한 맥락에서 볼 때 포스트모더니티는 모더니티의 문제점과 의문점들, 그리고 논점들이 유례가 없을 정도로 누적되는 방식인 것으로 보인다. 과거의 선구자들, 이전 시대에서의 포스트모더니즘의 전조, 니체나 디드로와 같은 인물들에 대해 끊임없이 언급하게 되는 것도 이 때문이다. 포스트모더니즘은 모더니티의 극복도, 새로운 시대의 시작도 아니다. 그것은 그 자체가 이미 비판이며 비평인 모더니즘의 비판적 연속이다. 비평은 자기 비판이 되고, **포스트**라는 접두사에 암시된 어감에서 알 수 있듯이 모더니즘의 급진적이고 긴장된 형태가 된다. 포스트모더니즘과 아방가르드의 개념을 비교해 보면 이러한 인상이 쉽게 이해될 것이다. 아방가르드는 분명 넘어서고 진보하며 미래 지향적인 혁신을 보여 준다. 반면 포스트모더니즘의 과거 회상적 태도는 분명 과거와의 연관성을 암시하는 듯하다. 그것도 자기 비판과 자신에 대한 의구심을 통해서 말이다.

물론 같은 이유로 해서 포스트모더니즘을 모더니티의 모든 이상이 소진된 상태, 형이상학, 철학, 인간의 종말을 주장하는 단계로 볼 수 있다. 그렇지만 그러한 범주에서 생각하는 것이 불가피해 보인다는 이유로, 이러한 경험들이 새로운 시대의 시작을 의미하는 것처럼 해석해서는 안 된다. 포스트모더니즘이 전적으로 지식사의 새로운 단계, 반모더니즘 또는 모더니즘에 대한 위반을 성취했다고 하더라도 포스트모더니즘은 모더니티의 혁신적 성향과 명칭의 역설적 구성에 의해 배제되었던 것으로 보이는 어떤 것을 계속 유지할 것이기 때문이다. 다시 말해서 포스트모더니스트들이 체계라는 문제와 관련하여 구조적 통일성에 회의적인 만큼 그들은 역사적 시대 구분에 대해서도 회의적이라고 말할 수 있을 것이다.

이러한 관점에서 볼 때 포스트모더니즘은 역사철학 전반에 흐르는 통합된 진리의 개념, 포괄적인 의미 체계, 또는 단일한 지식 기반 등에 대한 거부라고 할 수 있다. 따라서 포스트모던한 정신의 동기는 사고와 관점의 급진적 다원성에 있다고 할 수 있다. 그러나 이는 다원성과 열림의 상태가 언젠가 완전히 구현될 수 있으리라는 가정과는 무관하다. 결국 이러한 상황에서 확실한 것은 담론에 있어서의 이질성과 이론 형성에 있어서의 오류 가능성이다. 역사적으로 볼 때 포스트모더니즘은 니체의 목적론뿐 아니라 진리와 전체성을 동일시하는 헤겔주의 전반을 거부하는 니체의 시각과 연결되어 있다. 이와 달리 포스트모더니즘을 기호학적인 측면에서 설명할 수도 있다. 현재 우리 사회에서 기표와 기의의 관계는 더 이상 긴밀하지 않다. 기호는 어떤 대상, 미리 주어진 실재를 지시하는 것이 아니라 언제나 다른 기호를 지시한다. 따라서 우리는 결코 사물의 진정한 의미에 도달하지 못한다. 또 다른 기호, 그 기호에 대한 해석, 해석에 대한 해석만을 접할 뿐이며, 기호 작용의 끝없는 연속만이 있을 뿐이다.

포스트모더니즘이 여성이나 억압받는 소수 집단 등 타인이나 체제 외부적 입장을 보호한다고 말할 수도 있다. 그러나 이러한 고발성 비판도 이데올로기 비판이나 전통적 자유주의의 수정주의적 성향과 결합될 경우 포스트모더니스트들의 반체계적이고 반전체주의적인 충동과 조화되기 어렵다. 결국은 이러한 비판도 체계의 재등장, 강력하게 부과된 가치 구조의 징후로 보일 것이다. 키에르케고르에서 사르트르에 이르는 현대 사상의 전통, 즉 실존주의가 포스트모더니즘에서 결정적인 위치를 차지하는 근거 부재와 유한성 문제를 이미 제기했다는 주장도 마찬가지로 의심스럽다. 실존주의에서 근거 부재와 무한성은 결핍으로써 경험되었지만 포스트모더니즘에서는 그러한 경험이 "유쾌한 지혜" "즐거운 학문"의 하나이기 때문이다. 포스트모더니즘에서는 "효과적으로 기능하는" 장치라면 어느것이나 자아 비하와 패러디의 흥겨운 분위기 속에서 승인받는다. 글쓰기는 포스트모더니즘의 주된 활동이다. 그러나 안내서나 백과사전 형식으로 포스트모더니즘에 대한 글을 쓰는 것은 자기 기만이 될 것이다.

삶의 다른 분야들에서 볼 수 있는 유사한 경향을 배제한 채 포스트모더니즘의 분위기를 이론과 철학에만 한정하는 것도 어리석은 일이다. 건축은 포스트모더니즘의 기원은 아닐지라도 가장 눈에 띄게 드러나는 분야이다. 프레드릭 제임슨은 도시나 빌딩의 배열에 나타난 현대 건축의 성향이 모더니스트의 합리적 정신 세계나 근본적 관심사와 정반대된다고 제시한 바 있다. 표면·외피·피부를 강조하고 "깊이의 차원"을 거부하는(로스앤젤레스의 경우처럼) 현대 건축의 흐름은 본질과 외형의 변증적 모델, 잠재적인 것과 드러난 것의 관계라는 정신분석학적 모델, 진정성과 불확실성의 실존주의적 모델, 소외와 화해의 마르크시즘 모델, 기표와 기의라는 기호학적 모델과 같이 현대적 양상을 특징짓는 전통적 건축 모델을 상쇄시킨다.[3]

미학적 삶과 미학적 생산이라는 좀더 폭넓은 영역에서의 이러한 경향은 대중 사회와 대중 문화를 향한 예술의 확장을 통해 드러난다. 아도르노는 예술에 대한 모더니즘의 엘리트주의적 자율성 개념을 사이렌의 해역을 통과하는 오디세우스의 항해라는 유명한 비유로 설명했다.[4] 귀를 막은 선원들이 그 위험 지역을 노저어 빠져나가는 동안 오디세우스는 돛대에 묶인 채 죽음으로 이끄는 사이렌의 유혹에 굴복하지 않고 그 매혹적인 노래를 들을 수 있었다. 이것은 최소한 이 비유의 한 가지 측면이다. 예술에 대한 포스트모더니즘의 관계에서 계급의 분리는 극복된 듯하다. 그러나 이에 대한 대가로 예술의 위상은 대중 문화의 수준으로 하락했고, 삶의 천박함 속으로 흡수되었다. 예술은 더 이상 타자성의 영역이 아니며, 거울을 들어 리얼리티를 반영하지도 지칭하지도 못한다. 이러한 변화의 가장 눈에 띄는 예는 박물관의 이용, 특히 포스트모더니스트적 실천으로서의 쾌락적 이용이다. 원래 박물관은 사라질 위험에 처한 예술품들을 보존하고 전시하는 일종의 사원 같은 시설이었지만, 이제는 상점과 식당에 둘러싸인 포스트모

---

3) Fredric Jameson, "Postmodernism, or the Cultural Logic of Late Capitalism," *New Left Review* 146 (July/August 1984): 53-92. 이외에 다음 두 책을 참고할 것. Hal Foster, ed., *The Anti-Aesthetic: Essays on Postmodern Culture* (Port Townsend: Bay Press, 1983); and Heinrich Klotz, ed., *Postmodern Visions: Drawings, Paintings, and Models by Contemporary Architects* (New York: Abbeville Press, 1985).

4) Max Horkheimer and Theodor W. Adorno, *Dialectic of Enlightenment*, trans. John Cumming (New York: Herder and Herder, 1972), 32-34.

던 건축물이 되었으며, 그곳의 전시물은 경제적 기준에 의해 평가된다. 컴퓨터 데이터가 박물관에서 소장하는 전시물의 전시 가치를 알려 주고 구입과 판매를 규정한다.[5] 따라서 효과적으로 기능하는 장치와 더불어 광고와 같이 전적으로 이익에 근거한 목적 지향적 활동들이 **예술을 위한 예술**이라는 완전한 무목적성의 고상한 태도를 대체해 버린다. 포스트모더니즘의 이러한 대중주의 이미지는 복잡한 이론적 · 철학적 문제들과 연관되어 있다. 그리고 그 문제들은 이성과 합리성에 대한 맹렬한 비판, 현대 역사의 흐름을 지배해 온 가치들과 규범들을 극단적으로 의문시하는 일군의 텍스트들에서 나타난 것이다.

그러나 포스트모더니즘의 본모습을 볼 수 있는 특정한 표현 스타일이나 포스트모던한 태도가 드러나는 특수한 분야가 있는지도 의심스럽다. 포스트모더니즘의 표현 방식은 비정체성과 유동적인 타자성을 특징으로 하는 듯하며, 포스트모던한 방식의 존재 영역은 현재 존재하고 있지 않은 바로 그곳이다. 예를 들어 철학자들에게 포스트모던한 스타일은 철학보다 문학과 비평 이론에서 더 두드러진 듯이 보이고, 문학비평가들에게는 건축에서, 건축전문가들에게는 광고에서 더 두드러져 보이는 것 같다. 포스트모더니즘의 원형을 발견할 수 있는 장소를 찾기는 어렵다. 게다가 그것에는 후기구조주의를 능가하는 해체주의, 그리고 해체주의를 능가하는 소위 신역사주의처럼 항상 그 영역을 능가하면서 앞서가는 어떤 것이 있다. 포스트모던한 스타일을 사용하는 작가들의 경우 그들이 다루는 주제의 모호함은 어떤 피상

---

5) Christa Bürger, "Das Verschwinden der Kunst: Die Postmodern – Debatte in den USA," in *Postmoderne: Alltag, Allegorie und Avantgarde*, ed. Christa and Peter Bürger (Frankfurt: Suhrkamp, 1987), 48-49.

성, 아마추어 수준의 전문 지식, "빈약한 철학," 한계 위반 등과 뒤섞여서 나타난다. 포스트모던한 강의는 테이프로 녹음되고, 포스트모던한 텍스트는 사진으로 복사되며, 포스트모던한 글쓰기는 워드프로세서로 옮아간다.

2

1979년에 나온 장 프랑수아 리오타르의 《포스트모던의 조건: 지식에 대한 보고서》는 이러한 문제들과 가장 직접적으로 연관되어 있는 이론적 텍스트이다.[6] 제목에서 분명하게 알 수 있듯이, 이 글은 그 자체로서 어떤 획기적 사건이나 포스트모더니즘의 혁명적 상황에서 어떤 독창적인 의미를 위한 것은 아니다. 그것은 주어진 기존 상황에 대한 코멘트로서 "고도로 발달된 사회 내에서 지식의 조건"을 탐구하기 위한 퀘벡 주정부 산하 대학평의회의 연구 계획으로 제출된 보고서의 형태를 띠고 있다. 이 글은 지난 10년간 후기구조주의, 해체주의, 형이상학 비판의 이름으로 행해진 작업들에 대한 요약이다. 그런데 리오타르는 여기에서 이후 이러한 문제들을 논의하는 데 길잡이가 되고, 때로 도전이 되기도 한 용어와 개념들을 만들어 냈다. 그 중 가장 대표적인 것은 포스트모던이라는 용어 그 자체로서 서두에 다음과 같은 내용이 나온다. "우리의 가설은 사회가 소위 후기 산업 시대에 접어들고, 문화가 소위 포스트모던 시대에 접어들면서 지식의 위상이

---

6) Jean-François Lyotard, *The Postmodern Condition: A Report on Knowledge*, trans. Geoff Bennington and Brian Massumi, Foreword by Fredric Jameson (Minneapolis: University of Minnesota Press, 1979). 앞으로 이 텍스트는 *PC*로 표기함.

변했다는 것이다."(*PC*, 3) 그는 포스트모던이라는 역설적 개념과 후기 산업 사회라는 일상적인 표현을 함께 사용하고, 보고서의 문맥에 현대 지식의 위기를 "내러티브의 위기"로 보는 내용을 소개하였다. 그럼으로써 이 글은 포스트모던 스타일이 요구하는 아이러니한 태도와 구성 등 한껏 부풀려진 포스트모던 현상 그 자체를 보여 준다.

리오타르는 포스트모더니즘의 다양한 측면을 보여 주고 있는데, 그 중에서 가장 직접적인 것은 아마도 지식의 변형 또는 "지식의 상품화"(*PC*, 26)라는 아이디어일 것이다. 이것은 지식 개념의 근본적 변화에 대한 것이다. 포스트모던 단계에서 지식의 기준은 컴퓨터 언어와 정보량으로의 변환 가능성에 있다.(*PC*, 23) 정신과 인격의 형성이라는 과거의 이상적인 지식은 사라지고 공급자와 사용자, 상품의 생산자와 소비자라는 관점에서 본 지식 개념이 들어선다.(*PC*, 24) 지식은 권력을 두고 벌이는 전 세계적 경쟁의 장이 되었다.(*PC*, 26) 지식의 이러한 상태를 달리 말하면 포스트모더니즘은 이념의 총체성으로부터의 분리, 진리의 궁극적 기반으로부터의 분리를 의미한다고 할 수 있을 것이다.

이러한 진단의 가장 유명한 공식은 포스트모더니즘 시대에서는 아무도 "메타내러티브"를 믿지 않는다는 리오타르의 말이다. 메타내러티브는 세부적 지식과 인간의 행위에 궁극적 의미를 부여해 주는 포괄적이고 근간이 되는 담론을 말한다. 메타담론, 메타내러티브의 실례는 장엄한 고대, 중세, 또는 이성주의 철학 등으로, 예를 들면 플라톤 철학이나 휴머니티를 중시하는 위대한 종교들, 최종적 통합의 유토피아, 화해, 조화 같은 것들이다. 리오타르는 신화적 메타내러티브와 이성적 메타내러티브를 구분하고 있으며, 심지어는 메타내러티브에 따라 휴머니티의 역사에 새로운 시대 구분을 시도한다. 전근대 세계에서 인간은 신화나 종교적 특성을 가진 내러티브를 통해 자신의 문화를 정당화하고, 이러한 메타내러티브에 대한 믿음을 근거로 하여 모든 제도, 사회정치적 행위, 법, 윤리, 사고 방식의 기반을 형성했다. 이후 신화적·종교적 내러티브가 이성적이고 철학적인 내러티브로 바뀌고, 신이나 영웅 같은 입법자가 아니라 이성을 통해 의미를 확보하게 되면서 근대가 시작되었다. 하지만 이들이 이성적 논법을 보여 주고 있다 하더라도 이들의 내러티브는 결국 정적인 내러티브이다. 자유의 획득, 점차적인 해방, 원만한 인격, 또는 사회주의와 복지의 성취 등 이전의 것을 되찾는 형태의 기반 조성, 그리고 이를 위해 계획된 모험을 통해 의미를 형성하기 때문이다. 인간의 모든 현실은 확고하게 이러한 생각에 기초해 있다. 리오타르는 근대의 이성적 질서에 대한 메타내러티브의 대표적인 예로 변증법, 이성적 주체의 해방, 의미의 해석학, 자본주의 기술-과학을 통한 부의 창출 등을 들고 있다. 어떤 면에서 헤겔의 변증법은 이들 내러티브를 모두 포함하며, 따라서 투기적 모더니티의 핵심으로 간주될 수 있다.

포스트모더니즘은 결국 한마디로 말해서 보편적인 메타내러티브들에 대한 불신이다. 메타내러티브들이 논박받은 것은 아니지만 낡은 것이 되어 버렸다. 더 이상 인간의 행위에 의미를 제공하는 기능을 수행하지 못하는 것이다. 게다가 각각의 학문 분야에서 사용되는 담론들의 기반을 제공해 주지도 못한다. 각각의 학문 분야는 자체의 규칙을 따르면서 단일한 거대 메타담론을 파괴하여 수많은 개별 언어, 독자적인 과학적 문맥에 근거한 수많은 언어 게임과 언어 규칙을 만들어 낸다. 리오타르는 이러한 경향을 정통 권위의 붕괴를 의미하는 하버마스의 "정통성의 위기" 개념으로 요약하면서 나아가 그 개념을 국가나 정부, 제도화된 권력을 넘어 모든 절대적 권위와 정통성의 전반적인 소멸로 확대한다. 진리의 유형뿐 아니라 모든 특정한 유형의 지식, 모든 개별적인 담론, 정의에 정통성을 부여하는 것이 고전적 메타내러티브의 특징이라고 할 수 있다.(*PC*, 33) 그러나 이러한 메타담론들이 의심받게 되면서 지식의 정통성 문제는 다른 방식으로 재등장한다. (*PC*, 112) 물론 이 문제는 또 다른 형태의 총체화, 새로운 메타담론의 발명으로 해결될 수 있는 것이 아니다.(*PC*, 109)

리오타르는 개별 분야의 각각의 언어 체계를 사회 유지를 위해 필요한 관계 유형으로 보고 있으며(*PC*, 56) 비트겐슈타인을 언급하면서 이러한 담론들을 언어 게임이라고 부른다. 이를 통해서 그는 각각의 담론들의 주장과 고유한 규칙들이 보여 주는 실용적 측면을 강조하고 있는데, 특히 중요한 점은 언어 게임들 사이의 "투쟁적" 성격을 강조한다는 점이다.(*PC*, 41) 규칙은 그 자체로는 정통성을 가지지 못하며, 게임 플레이어들의 동의와 합의에 의존한다. 그렇지만 체스 게임에서 알 수 있듯이 각각의 움직임은 새로운 상황을 만들어 낸다.(*PC*, 40)

그러나 포스트모더니즘 시대의 지식에 대한 리오타르의 보고서에서 단일한 거대 메타내러티브가 다양한 개별적 언어 게임으로 해체된다는 그의 논점을 포스트모더니즘 시대의 새로운 메타담론으로 생각해서는 안 된다. 그는 자신의 논점에 대한 독창성이나 진리치를 분명히 부인하고 있으며, 문제의 요점과 관련하여 특정한 측면을 강조하기 위한 가설의 성격과 전략적 가치만이 있을 뿐이라고 생각한다.(*PC*, 31) 마찬가지로 전근대, 모던, 포스트모던의 구분을 구체적인 시간상의 간격이나 명확한 시대적 단절로 생각해서는 안 되는데, 그것은 각 시대의 내용과 스타일이 시간상으로 서로 겹치기 때문이다. 전근대적 유형의 신화적·종교적 정통성이 포스트모더니즘 시대에도 남아 있으며, 포스트모더니즘적인 회의론을 전근대 시대의 작가들에게서 찾아볼 수 있다. 따라서 리오타르가 구분하여 묘사한 전근대, 모던, 포스트모던 양식의 정통성과 탈정통성은 아마도 이상적인 유형으로 보면 가장 좋을 것이다. 물론 그것들이 역사의 각 시대에 지배적 영향을 끼쳤으므로 분명 역사적 의미는 있다. 이 점에서 특히 흥미로운 것은 모더니즘 스타일과 포스트모더니즘 스타일 간의 관계이다. 리오타르는 포스트모더니즘적 사고 방식이 모더니즘 이후에 오거나 그에 반하는 것이 아니라, 비록 드러나지 않는 방식이기는 하지만 모더니즘 내부에 포함되어 있다고 주장한다. 역사를 직선적인 것으로 보는 것은 기독교, 데카르트주의, 자코뱅주의가 증명하듯이 전적으로 모더니즘적 시각이다. 전투적인 냄새를 풍기던 "아방가르드"라는 용어의 소멸은 모더니티의 소멸을 의미한다. "아방가르드"란 용어는 현재 우리가 미소를 보낼 수 있는 유행 지난 모더니티의 한 표현이기 때문이다.[7]

현재는 이미 역사의 일부가 되어 버렸지만 아직도 몇몇 글에서 추종자들을 찾아볼 수 있는, 의도가 명백해 보이는 "모더니티-완성되지 않은 프로젝트"[8]라는 1980년 어느 연설에서 위르겐 하버마스는 모더니티를 비방하는 포스트모더니스트들로부터 모더니티를 구해 내려 애썼다. 그는 포스트모더니티가 반모더니티, "새로운 역사주의의 공간을 마련하기 위해 모더니티의 전통"(*M*, 3)을 희생시키려는 시도, "역사의 연속성을 파괴하려는 무정부주의적 의도," 그리고 "규범적

---

7) 이 아이디어들은 Jean-François Lyotard, *Le postmoderne expliqué aux enfants* (Paris: Les Editions de Minuit, 1986)에 더 자세히 설명되어 있다.

8) Jürgen Habermas, "Modernity—An Incomplete project," trans. Seyla Ben-Habib, in Foster, *The Anti-Aesthetic*, 3-15. 앞으로 이 텍스트는 *M*으로 표기하며, 더 자세한 논의는 Richard J. Bernstein, ed., *Habermas and Modernity* (Cambridge: MIT Press, 1986)를 참고할 것.

인 모든 것에 대한 반역"(*M*, 5)이라는 점을 분명히 했다. 비록 "볼테르 카페"(*M*, 5)에 속한 다다이스트와 초현실주의자들의 "미학적 모더니티"에 초점을 맞추고 있지만, 하버마스는 더 넓은 관점에서 모더니즘이 이성의 세 가지 자율적 분야인 과학·도덕·예술에 근거하고 있다는 사실을 밝히고자 한다.(*M*, 9) 그것은 "내적 논리"와 독자적 타당성을 가진 인지적-도구적 합리성, 도덕적-실천적 합리성, 미학적-표현적 합리성이라는 세 가지 영역을 뜻한다. 18세기 후반의 계몽주의 철학자들이 정통성을 제공하는 이성의 서로 다른 이러한 유형들을 구분한 것은 삶의 풍요로움을 위한 것이었다. 하지만 20세기에는 각 유형들의 자율성이 전문가들에게 넘어가 버리고, 그에 따라 일상적 의사소통에서 분리되어 버림으로써 과거의 낙관론을 파괴시키고 말았다.

하버마스에게 이 문제는 가장 총체적인 측면에서의 모더니티의 위기이다. 이 근본적인 문제에 대한 그의 태도는 "비록 약화되었다 하더라도 계몽주의의 **의도**들을 유지하려고 노력해야 할 것인가? 아니면 모더니티 계획 전체의 대의 명분이 상실되었음을 선언해야 할 것인가?"(*M*, 9)라는 수사적 질문에 명백하게 나타나 있다. 해답은 물론 포스트모더니스트들의 "문화에 대한 잘못된 부정"(*M*, 11)을 거부하고, 하버마스가 생각하는 "의사 소통적 합리성" "가치와 규준의 재생산과 전달"(*M*, 8)을 유지하는 것이다. 좀더 직설적으로 그는 "모더니티와 그 계획의 명분이 상실되었다며 포기하는 대신 모더니티를 부정해 온 터무니없는 프로그램의 실수에서 무엇인가를 배워야 한다"(*M*, 12)고 말한다. 그렇지만 그는 합리성에 대한 모더니즘적 유형을 비판하는 모든 포스트모더니스트들을 "신보수주의자들"(*M*, 6-7)이라고 칭한다. 그러면서 하버마스는 이전 세대라기보다 거의 자신의 세대인 프랑스 비평가들을 "젊은 보수주의자들"이라 부르면서, 그들을 "조르주

바타유에서 미셸 푸코를 거쳐 자크 데리다로 이어지는" 한통속으로 묘사하는 근시안적이고 이해하기 힘든 수사적 행보를 보인다. 하버마스에 따르면 그들은 "노동과 유용성의 책임에서 해방된 탈중심화된 주체를 드러내며, 이러한 경험과 함께 그들은 모더니즘의 세계로부터 벗어날 것"(*M*, 14)을 주장한다. 하버마스의 입장에서 볼 때 그들은 "힘이나 권력을 향한 의지이든, **존재** 또는 디오니소스적인 시적 충동이든 직업을 통해서만 접근 가능한 원리"(*M*, 14)와 도구적 이성을 병치시킨다.

이와 같은 비이성주의적 이미지는 물론 포스트모더니즘을 보수주의와 동일시하는 것만큼이나 의문의 여지가 있다. 하버마스의 포스트모더니즘 비판과 거기에서 드러나는 근본주의자적 충동은 그와 전통주의자 또는 근본적인 가치와 규준을 중시하는 보수적 근본주의와의 자발적 연합을 보여 준다. 따라서 하버마스에 대한 리오타르의 응답은 《어린이들을 위한 포스트모더니즘》이라는 제목을 달고 나타난다. 이 책은 "비이성주의, 신보수주의, 지적 테러리즘, 순진한 자유주의, 니힐리즘, 냉소주의라는 비난"[9]으로부터 저자를 보호하려는 편집자들의 의도에 따라 편지 묶음의 형태로 되어 있다. 전체적으로 편지에서 암시하는 내용은 우리가 "느슨한 단계"에 들어선 듯하다는 것이다. 경험의 통일성을 향한 길을 열어 놓음으로써 신보수주의자들에 맞서 모더니티라는 미완의 프로젝트를 방어하고자 하는 어느 저명한(말하자면 하버마스 같은) 사상가의 글에서 볼 수 있듯이, 여러 징후들이

---

9) Lyotard, *Le postmoderne expliqué aux enfants*, 3. 이 책의 첫부분인 "Answering the Question: What Is Postmodernism?"의 영역본이 *The Postmodern Condition*, 71-82에 첨부되어 있다.

이러한 사실을 보여 준다. 이후의 저작들, 특히 《차이》[10]에서 리오타르는 포스트모더니즘을 완전히 새로운 삶의 방식, 사고 방식으로 보려는 시도에서 멀어지고 있다. 그리고 그는 진보적이고 혁명적이며 유토피아주의이고 무정부주의적인 흔적들, 곧 그의 초기 저작들에 남아 있었던 포스트모더니즘에 대한 현대적 개념의 흔적들을 제거해 나간다.[11]

3

이성과 합리성에 대한 포스트모더니즘의 비판에 대응해서 하버마스가 행한 주된 작업은 상황을 바로잡을 수 있는 메타내러티브의 구축과 프랑스 비평가들에게 적절한 위치를 부여하는 것이었다. 그는 같은 제목의 책을 통해 "모더니티에 대한 철학적 담론"[12]을 재구성하도록 동기를 부여한 것이 대체로 라인 강 건너편에서 유래한 도전 때문이었음을 인정한다. 이 새로운 메타내러티브에서 하버마스는 독일 중심의 시각에서 현대 철학 전체를 동원한다. 이 서사시의 영웅들은 칸트 · 헤겔 · 마르크스 그리고 하버마스이다. 반면 낭만주의자들에서부터 니체 · 말라르메 · 다다파 예술가들 · 푸코 · 데리다가 한 "무리"의 반대파를 형성한다. 호르크하이머와 아도르노는 반대파의 계략에 이용되기는 했지만, 다행히 발터 벤야민의 소위 "희망 없는 희망"이

---

10) Jean-François Lyotard, *Le différend* (Paris: Les Editions de Minuit, 1983). *Neue Hefte für Philosophie* 26 (1986): 1–33도 참고할 것.

11) Jean-François Lyotard, *Dérive à partir de Marx et Freud* (Paris: Union générale des éditions, 1973)에서 특히 "désirévolution"의 개념을 참고할 것.

12) Jürgen Harbermas, *The Philosophical Discourse of Modernity: Twelve Lectures*, trans. Frederick Lawrence (Cambridge: MIT Press, 1987). 앞으로 이 텍스트는 *DM*으로 표기함.

라는 태도를 취함으로써 통합적 비관론에 빠지지 않을 수 있었다. 과학·도덕·예술과 같은 독립적인 가치 영역에 대한 막스 베버의 주제가 이 이야기의 구조를 제공하고 모더니티의 자기 확신을 위한 맹렬한 충동이 그 내용을 이루고 있다.

현대적 정신의 여정은 "어떤 것들이 타당성을 주장하기에 앞서 판단의 최상의 자리에 이성을 내세워 정당성을 부여받도록 한"(*DM*, 18) 칸트에서 출발한다. 세 가지 비판을 통해서 칸트는 이성을 순수 이성(《순수 이성 비판》) 능력, 실천 이성(《실천 이성 비판》) 능력, 미적 판단(《판단력 비판》) 능력으로 세분화시켰고, 이를 통해 철학과 형이상학, 도덕과 법, 미학과 시학의 세 가지 문화 영역을 다루는 특별 법정을 확립했다. 그리고 세 가지 영역들은 이러한 구분을 통해 자체적인 이성적 기초를 확립했다. 그러나 칸트는 각 영역들이 서로 어떤 연관성도 가지지 않는 완전히 다른 범주라고 생각하지는 않았다. 따라서 하버마스의 시각에서 칸트는 더 확고한 기초, 즉 외부로부터 부여된 것이 아니라 전적으로 모더니티 정신 그 자체에서 유래한 "이상적인 내재적 형식"의 필요성에 의해 영감을 얻는 현대적 정신을 소개했을 뿐이다.(*DM*, 19-20) 그러므로 우리는 모더니티를 기초 확립과 외부 규범 문제로부터 분리하는 작업을 사실상 최초로 철학적 수준의 문제로까지 끌어올린 헤겔에게로 눈을 돌려야 한다.(*DM*, 16) 헤겔과 함께 "모더니티의 **자기 재확신**"의 필요성은 극에 달하며, 이 문제는 "헤겔 자신의 철학의 **본질적 문제**"(*DM*, 16)가 된다. 헤겔은 모더니티의 원리를 모든 인간의 잠재적 능력의 완전한 구현인 "자기 관계의 구조"라고 보았으며, 이 원리를 주관성이라고 불렀다.(*DM*, 16)

현대 세계의 모든 자율적인 영역들이 주관성의 원리로 수렴되는 것처럼 보인다. 그런데 헤겔의 "절대 지식" 개념은 주관성으로 둘러싸여 있으며, 더 이상 주관성에 대한 외부 비판을 허용하지 않는다.(*DM*, 34) 헤겔의 절대성 개념은 모더니티를 그 자체의 원리로 이해할 수 있는 장점이 있지만(*DM*, 36) 이러한 해결책이 충분히 만족스러운 것은 아니다. 주관성 비판(모더니티)은 "주체철학의 틀 내에서만"(*DM*, 41) 가능하기 때문이다. 이러한 철학적 해석은 모더니티 고유의 긴장들을 제거해 주지만 자기 확신의 필요성을 완전히 만족시켜 주지는 못한다. 모더니티의 불안정성과 동요는 그러한 개념이 형성되는 순간 그 개념을 파괴시킨다.(*DM*, 41)

헤겔의 제자들은 헤겔식 이성 개념의 부담으로부터 모더니티 비판을 해방시켜 주었지만(*DM*, 53) 모더니티의 자기 확신이라는 과제는 유지시켰다.(*DM*, 58) 마르크스는 반영 개념을 생산 개념으로 변형시켰고, 자의식을 노동으로 대체했다.(*DM*, 59) 니체와 그의 추종자들에 의해 모더니티 비판에서 더 이상 이성의 원리에 집착하지 않고, 오히려 이성의 통제를 벗어나 "'이성의 비판'이라는 문구에서 주어속격"(*DM*, 59)을 삭제해 버리는 새로운 담론이 등장한다. 이러한 전통에서 철학이 본질적 존재론(하이데거), 비판 또는 부정의 변증법(아도르노), 해체주의(데리다), 계보학(푸코)처럼 어떤 명칭을 택하든지 하버마스에게 이런 가명들은 "철학의 목적을 감추기 위한 부실한 수단"(*DM*, 53)일 뿐이다. 공공연히 "반휴머니즘"을 주장하는 이러한 전통은 하버마스와 그의 모더니티 담론에는 "실제적 도전"이 된다. 그러나 하버마스는 "이 도전의 급진적 제스처 너머에 숨겨져 있는 것"을 조사하기 전에 자신의 아버지 모습인 호르크하이머와 아도르노가 제시했던 반이성주의의 유형을 더 자세히 조사해 보아야 한다.

이 조사가 중요한 것은 현재 프랑스인들의 니체 해석이 가져온 분위기와 태도가 호르크하이머와 아도르노의 경우와 혼동스러울 정도로 유사하며, 하버마스가 "이 혼동을 먼저 제압"(*DM*, 106)하고자 하기 때문이다. 프랑크푸르트학파의 두 대표적 인물들의 이성 비판 문제에서 드러나는 프랑스인들과 다른 점은 벤야민의 "희망 없는 희망" 또는 자신들의 "개념화의 역설적 노동"(*DM*, 106)을 이용한다는 점이다. 다시 말해서 그들이 "도구화된" 이성, 체계화된 개념적 사고의 강제, 유토피아적인 화해 요구에 따르는 해악을 너무나 잘 알고 있었다는 것이다. 그러나 그들은 헤겔식 전체성, 통합성의 부재와 그 불가성을 고유한 인간 조건으로 보는 후기구조주의나 포스트모더니즘과 달리 부족·상실·결핍으로 보며 아쉬워한다. 구조적 사고 패턴에서 헤겔식 관점을 유지하고 있는 것이다. 하버마스에 따르면 그들은 이와 같은 이유로 어려움을 겪었고, 이성을 통한 이성 비판으로 인해 더 큰 어려움에 빠졌다. 또한 전이성적·초이성적 또는 탈주관적인 노선 때문이 아니라, 니체와 그의 프랑스 추종자들이 그랬듯이 비이성적인 사건이나 신화에 빠짐으로써 그 어려움을 더욱 확대시켰다.

하버마스는 호르크하이머와 아도르노가 워낙 강하게 신화에 저항했기 때문에 그들의 계몽주의 비판에서 그것이 중심적인 모티프가 된다고 주장한다.[13] 사실 그 비판은 "신화는 이미 계몽주의"이고 "계몽주의는 신화로 되돌아간다"(**DM**, 107)는 점에서 신화와 계몽주의 사이의 "비밀스런 공모를 보여 주는 논제"라고 요약할 수 있다. 이러한 "얽힘"의 대표적인 예로 호르크하이머와 아도르노가 "최초의 주관성의 역사"(**DM**, 108)라고 하면서 헤겔의 《정신현상학》을 예견하는 서사시로 해석했던 호메로스의 《오디세이》를 들 수 있다. 이 "기원에 대한 신화"는 해방의 이중 의미, 말하자면 "쫓겨나는 두려움과 탈출의

---

13) Horkheimer and Adorno, *Dialectic of Enlightment*를 참고할 것.

안도감"에서 "유래하는" 이중 의미를 묘사한다. "오디세우스의 잔꾀"는 대리 희생물을 제공함으로써 복수심 가득한 권력의 저주를 모면하는 모더니티의 정신 구조를 나타낸다.(*DM*, 108) 오디세우스는 사이렌의 노래에서 "'한때 자연과의 원활한 상호 관계'가 보장해 주었던 행복"을 떠올리지만, 그는 그것을 "이미 자신이 쇠사슬에 묶여 있음을 아는 자로서"(*DM*, 109) 경험할 뿐이다. 마찬가지로 근대 시대의 계몽주의의 과정도 결과적으로 해방이 아니라 "저주가 구체화되고 끔찍한 소외"가 지배하는 세계를 가져왔다. 호르크하이머와 아도르노에게 계몽주의의 영원한 표지는 "객관화된 외적 자연과 억압된 내적 자연에 대한 지배"이다.(*DM*, 110)

비유적 표현을 자제하고 말한다면, 호르크하이머와 아도르노에게 계몽주의가 학문에 남긴 것은 기술적 유용성에 근거한 도구화된 유형의 이성뿐이라고 할 수 있다. 마찬가지로 계몽주의가 도덕과 법에 남긴 것은 도덕과 비도덕을 구분하지 못하는 윤리적 회의론이며, 미학의 경우 예술과 오락을 뒤섞어 버리는 대중 문화만을 남겼을 뿐이다.(*DM*, 111-12) 결국 이성은 모든 "타당성의 요구"를 상실하고 "권력에 동화"되어 버렸다.(*DM*, 112) 그러나 하버마스에게 호르크하이머와 아도르노의 "도구적 이성 비판"은 베버가 "가치 영역의 고집스런 차이"라고 불렀던 것을 정당하게 평가하지 않는 문화적 모더니티의 놀라운 평준화이다.(*DM*, 112) 하버마스는 "끊임없이 학문을 추동하는 특정한 이론적 원동력"에 대해 말한다. 그리고 개인의 정체성 형성뿐 아니라 민주적 의지의 형성에서도 나타나는 "법과 도덕의 보편적 기반들" "기본적인 미학적 경험의 생산성과 폭발력"을 언급한다.(*DM*, 113) 그러므로 《계몽의 변증법》은 호르크하이머와 아도르노가 쓴 "괴상한 책"이며, "가장 암울한 책"이다. "우리는 이러한 분위기, 이러한 태도를 더 이상 공유하지 않는다"(*DM*, 106)고 쓴 것처럼, 그들이 묘사한 해방의 황량한 공허함으로 인해 독자는 평준화된 묘사가 "문화적 모더니티의 본질적 특성을 간파할 수 없다"(*DM*, 114)는 사실을 느끼게 된다고 하버마스는 주장한다.

호르크하이머와 아도르노의 극단주의를 설명하기 위하여 하버마스는 그들의 이성 비판 중 이데올로기 비판이라는 한 가지 측면에 집중한다. 마르크스 이후로 이데올로기 비판은 이론 구성 안에 남아 있는 신화적 요소의 흔적을 폭로함으로써 계몽의 작업과 모더니티의 자기 확신을 지속시켜 왔다.(*DM*, 115) 이데올로기 비판은 특히 성공적으로 "권력과 타당성 간의 승인할 수 없는 혼합"을 밝혀냈다. 그리고 그것은 최초로 계몽된 이성이 전적으로 반영적일 수 있도록, 다시 말해서 자신의 생산품들, 즉 이론들을 비판의 대상으로 할 수 있도록 해주었다.(*DM*, 116) 이데올로기 비판은 그것이 주제로 삼은 문제에 대해 전적으로 부정적이었던 경우는 없었다. 하지만 그것은 잘못 사용된 아이디어들에서 "그 자신으로부터 숨겨져 있는 한 조각의 잔존하는 이성," 다른 말로 "여분의 생산력"을 해독해 낼 수 있었다.(*DM*, 117-18) 호르크하이머, 특히 아도르노와 함께 이데올로기 비판은 "반영성의 이차적 질서"를 성취했으며, 그 자체의 기반에 대항하게 되었다.(*DM*, 116) 비판은 총체적인 것이 되었으며, 기준이라고 언급할 만한 어느것도 가질 수 없게 되었다. 아도르노는 "총체화된 비판에 내재한 수행적 모순"을 잘 알고 있었지만, 또한 우리가 그 범주 안에 머물러야 한다고 확신했다.(*DM*, 119)

하버마스는 니체와 푸코의 권력 의지에 대한 견해를 "자체적 타당성의 전제를 공격하는 비판"을 위한 한 가지 선택으로 본다. 그 퇴행성으로 인해 이 선택은 모더니티의 지평선으로부터 벗어나며, 바탕을 알 수 없는 이론이 된다. 권력에 대한 주장과 진리에 대한 주장 사이의 구별이 미결 상태로 남기 때문이다.(*DM*, 127) 호르크하이머와 아도르노의 선택은 이론을 피하고 "솔직한 회의론"에 따라 이성과 권력의 어떠한 혼합에도 확고히 반대하며 "문제의 그 기초에 대해 확고한 부정을 실천"하는 것이었다.(*DM*, 128-29) 호르크하이머와 아도르노에 반대하며 주장하듯이 하버마스의 해결책은 "모든 이성적 기준들의 부패를 설명하기 위해서 최소한 한 가지 이성적 기준만은 그대로 남겨"두자는 것이다.(*DM*, 127) 이 기준은 "연구자들의 의사 소통 공동체" "중재적 사고" "논증적 담론"에서 발견되며, 본질적으로 "강요되지 않은 더 나은 논증의 힘"이다.(*DM*, 130) 그러나 이러한 의사 소통적·논증적 담론의 원리가 하버마스가 그토록 노골적으로 아쉬워하는 기본적인 기준, 규범, 가치들의 "총체적" 비판을 어떻게 벗어날 수 있는지 이해하기 어렵다. 하버마스는 비평의 이 원리를 움켜쥐고 어느 한 논증이 다른 것보다 "낫다"고 주장한다. 그럼으로써 그는 비판적 담론을 해체하고 자신과 추종자들을 단순히 더 잘 아는 사람들의 위치, 헤겔의 《정신현상학》의 표현을 빌리자면 스스로 아는 자들임을 알고 있는 자들의 공동체에 위치시키고 있는 듯하다.[14]

4

지금까지의 논쟁을 요약하자면 하버마스가 이성적 계몽주의와 진보의 현대적 위상을 재확인하기 위해 필사적 노력을 기울이는 반면,

---

14) G. W. F. Hegel, *Phenomenology of Spirit*, trans. A. V. Miller (Oxford: Oxford University Press, 1977), 409.

리오타르는 그러한 문제에 그저 미소만 보내면서 포스트모더니즘 단계로 향하는 다리를 이미 건너갔다고 말할 수 있을 것이다. 이것은 양측의 입장을 바라보는 리처드 로티의 관점과 기본적으로 같다. 하버마스가 해방에 대한 메타내러티브, 절대적인 것을 상대주의로 낙인찍는 회의론 문제를 고수하는 반면 리오타르는 상대주의, 역사주의, 작은 종류의 내러티브에 만족하면서 그것들을 절대적 기반에 근거시켜야 할 필요성을 느끼지 않는다. 로티는 다음과 같이 말한다. "포스트모더니즘을 상대주의라고 비난하는 것은 포스트모더니즘의 입 안에 메타내러티브를 가져다 바치는 것이다. 누군가 '철학적 위치를 지키는 것'과 메타내러티브의 유용성을 동일시한다면, 바로 그것이 그와 같은 일을 행하는 결과가 되고 말 것이다. 우리가 철학을 그런 식으로 정의하고자 한다면 포스트모더니즘은 포스트철학적인 것이 될 터이다. 그렇다면 차라리 정의를 바꾸는 것이 나을 것이다."[15]

그러나 로티는 자신의 입장을 결코 리오타르의 회의적 포스트모더니즘 쪽에 두지 않는다. 그는 하버마스의 전체주의적 근본주의와 리오타르의 애매한 냉소주의 모두로부터 거리를 유지한다. 대신에 그는 작은 해결책들과 상대적인 결정에 따른 사실에 입각한 실용주의를 주장하는데, 이는 사실 포스트모더니즘적인 태도에 대한 새롭고 흥미로운 구성이다. 푸코 · 리오타르 등이 들려 주는 새로운 프랑스 담론에 대해 그가 반대하는 것은 그들의 텍스트에 암시되어 있는 학문의 순진한 이미지나(*HL*, 33)[16] 현대 사회의 "자기 확신"에 대한 독일 이야기의 은밀하고 숨겨진 매력 때문이 아니다.(*HL*, 39) 그것은 인간적이

---

15) Richard Rorty, "Postmodernist Bourgeois Liberalism," *The Joural of Philosophy* 80 (1983): 589.

고 사회적인 관심에 대한 전적인 무관심, 냉정한 관찰자적 태도, 인간의 얼굴을 찾아볼 수 없는 글쓰기, 그들의 텍스트에서 발견하게 되는 "우리"를 말하는 공식의 부족, 그리고 그러한 스타일에 나타난 해방의 수사학의 부재 때문이다.(*HL*, 40) 그들의 이러한 "초연함"은 "개혁의 열망에 찬물을 끼얹으며 동료들의 문제를 미래의 역사가의 시선으로 바라보며 즐기는 보수주의자"(*HL*, 41)를 연상시킨다. 하버마스가 근본주의자의 열망에 사로잡힌 것처럼 보이는 반면, 프랑스인들의 텍스트는 어떤 형태의 "구체적인 사회적 기능"으로부터도 너무나 멀리 떨어져 있는 "삭막함"을 발산한다. 로티는 분명 "초역사적 주체의 의사 소통 능력에 대한 연구는 우리의 공동체에 대한 일체감을 강화하는 데 별 도움이 되지 않는다"는 리오타르의 주장에 동의하지만, "그 일체감의 중요성"을 계속 주장한다.(*HL*, 41)

다른 모든 기준들이 붕괴된 상황에서 하버마스가 합리적 비판의 유일한 기준으로 주장하는 "의사 소통 능력"에 대해서 로티는 그것이 문제를 제대로 해결하지 못한다고 생각한다. 로티에 따르면 "《멋진 신세계》의 시민들이 이론을 통해 그들의 행복한 노예 상태를 벗어날 수 있는 방법은 없다." 그들이 합리적 또는 "왜곡되지 않은 의사 소통"이라고 느끼는 모든 것이 이미 그들의 욕망과 일치할 것이기 때문이다. 그는 "우리의 삶이 꿈이 아니라는 것을 증명하는 것 못지않게 우리가 그런 종류의 행복한 노예가 아니라는 것을 스스로에게 증명할 수 있는 방법은 없다"고 말한다.(*HL*, 35) 그는 특히 "기술적으로 착취하는 지식의 창조를 넘어서도록" 해줄 것으로 믿는 과학의 "내적 이론의 역

---

16) Richard Rorty, "Habermas and Lyotard on Postmodernity," *Praxis International* 4 (1984): 32-44. 앞으로 이 텍스트는 *HL*로 표기함.

동성"에 대한 하버마스의 믿음을 흥미롭게 생각한다. 그가 보기에 그것은 "이론적 역동성"이라기보다는 "사회적 실천" 또는 "유럽 부르주아 계급의 사회적 미덕" 또는 단순히 "이론적 호기심"에서 유래하는 것일 뿐이다. 그러한 관점은 과학으로부터 "비역사적 목적론"이라는 거짓된 외형을 벗겨 버리고 현대 과학을 "프로테스탄티즘, 의회 정치, 낭만주의 시를 발명했던 바로 그 사람들이 품었던 것과 같은 생각을 통해 일단의 사람들이 발명해 낸 어떤 것"처럼 보이게 해준다.(*HL*, 36)

과학 · 도덕 · 예술의 세 가지 문화 영역과 이들을 동일한 토대에 따라 통합해야 할 필요성에 대해서 로티는 그 문제가 칸트와 헤겔을 너무 심각하게 받아들임으로써 만들어진 인위적인 문제라고 생각한다. 일단 분리시켜 놓으면 그 분열을 극복하는 것이 "근본적인 철학적 문제"로 계속 남아 있게 마련이며, 결국 "끊임없는 환원주의자와 비환원주의자의 연속된 노선"이라는 결과를 가져온다.

환원주의자들은 모든 것을 과학(실증주의) · 정치(레닌) 또는 미학(보들레르 · 니체)적인 것으로 만들려고 할 것이다. 비환원주의자들은 그러한 시도에서 배제되었던 것들을 보여 줄 것이다. '모던한' 종류의 철학자가 된다는 것은 그러한 영역들이 평화롭게 공존하도록 하거나, 다른 두 가지를 나머지 하나로 환원시키고자 하지 않는 것을 의미한다. 현대 철학은 그 영역들을 영원히 재배치하고 압축하며 다시 분리시키는 작업으로 이루어져 있다. 그러나 그러한 작업이 현대 시대에 얼마나 긍정적인 공헌을 했는지, 또는 해가 되었는지는 불명확하다.(*HL*, 37)

이러한 언급에서 알 수 있듯이 로티는 하버마스를 모더니스트 계열로 보고 있으며, 자신은 포스트모더니스트 입장을 취한다. 그러나 그의 포스트모더니즘은 메타내러티브에 대한 회의를 넘어 이론적 호기심 또는 "관용, 아이러니, '공통의 근거'에 대한 과도한 관심과 무관하게 문화의 영역들이 독자적으로 번창할 수 있도록 하는 태도 등 시민적 미덕의 지적 유사성" 등과 같은 삶과 사고의 예술에까지 실용적 태도를 확장시키고 있다.(*HL*, 38) 그는 하버마스가 "가렵지 않은 곳을 긁고 있으며"(*HL*, 34) 그의 현대 철학이 "너무 염세적이고 독일적"이라고 생각한다.(*HL*, 38-39) 로티는 현대 시대에 대한 이야기를 다른 방식으로 배열하고자 하며, 예를 들어 그것을 "문화를 세 가지 '가치 영역'으로 분리했던 칸트의 탈역사적 구조를 떨쳐 버리려는 끊임없는 시도"로 생각한다.(*HL*, 39) 그러나 그는 푸코나 리오타르와 같은 프랑스식의 삭막한 방식, 휴머니티에 대한 관심과 공동체와의 동일성에 전혀 무관심한 방식의 이야기는 자제하고자 한다.(*HL*, 40-41)

로티식의 이야기는 두 가지 내러티브가 결합된 형태를 띤다. 그 이야기는 "'타당성'이나 '해방'이라고 불리는 권력이 만들어 낸 것이 아니라 이와 무관한 어떤 다른 것의 이름으로 활동하는 '이데올로기'라는 권력"을 독일식으로 폭로하는 작업과는 거리가 멀다. 오히려 그것은 프랑스식으로 "누가 현재 권력을 얻고 있으며, 어떤 목적을 위해 사용하는가"를 간단히 설명해 줄 것이다. 그러나 프랑스식 내러티브와 달리 로티의 이야기는 어떻게 다른 사람들도 그 권력을 얻을 수 있으며, "그 권력을 다른 목적으로 사용하는가"라는 문제를 제안할 것이다.(*HL*, 41-42) "왜곡되지 않은 의사 소통"의 가치는 분명 인정되겠으나, "의사 소통 능력 이론의 지원"을 받아야 할 필요성은 고려되지 않을 것이다.(*HL*, 41) 그 이야기를 배열하는 로티의 또 다른 방식은 "데카르트에서 니체에 이르는 정전화된 철학자들의 연속"의 중요성을 축소하고, 이러한 철학적 전통을 "현재의 북대서양 문화를 있게

한 구체적인 사회적 기술의 역사로부터의 탈선"으로 보는 것이다. 로티는 또한 "형이상학과 인식론의 새로운 변증법적 왜곡"을 만들어 내는 것 대신 새로운 "사회 · 종교 · 제도적 가능성의 인식"에 바탕한 "새로운 정전"을 만들 것을 제안한다.(*HL*, 41) 그는 "그것은 하버마스와 리오타르를 타협시키고 양자를 모두 취하는 방식이 될 것"이라고 하면서 다음과 같이 덧붙인다. "우리는 메타내러티브가 더 이상 필요하지 않다는 리오타르의 말에 동의할 수 있지만, 동시에 삭막함을 줄여야 한다는 하버마스에게도 동의할 수 있을 것이다."(*HL*, 41) 그러나 로티의 포스트모더니즘은 존 듀이의 철학과 관련하여 가장 잘 드러난다. 그는 "세계에 새롭게 마법을 거는 것, 종교가 우리의 선조들에게 제공해 주었던 것을 되살리는 것이 구체적인 것에 충실하는 것이라는 듀이의 입장"(*HL*, 42)을 진지하게 받아들인다. 그리고 나서 그는 "사회의 아름다운 조화를 원하는 사람들은 사회 전체가 근거를 마련하기 위해 수고하지 않고도 그 자체를 주장할 수 있는 포스트모더니즘적 사회 생활을 원할 것이다"(*HL*, 43)라고 결론을 내린다.

이러한 비판에 대해서 하버마스의 반응은 이전의 입장에서 크게 벗어나지 않는다. 현시대의 "다양한 담론들의 다양성"을 인정하지만(*QC*, 192)[17] "비록 과정에 한정된 의미에서라도 이성의 통일성"을 계속 고집하며 "국부적 문맥을 벗어나는 초월적 타당성 주장"에 집착한다.(*QC*, 193) 의견 차이는 "앞으로의 해결책"이라는 전망으로 나타난다.(*QC*, 194) 이러한 논의에서 하버마스의 기본 입장은 "타당한 관점과

---

17) Jürgen Habermas, "Questions and Counterquestions," in Richard J. Bernstein, ed., *Habermas and Modernity* (Cambridge: MIT Press, 1986), 192-216. 앞으로 이 텍스트는 *QC*로 표기함.

사회적으로 수용되는 관점, 올바른 논증과 특정 시기의 특정 인물들에게만 인정받는 논증"(QC, 194) 사이의 구별에 있다. "단지 영향력이 있는 아이디어들의 주장"(QC, 195)을 인정하는 것보다는 가부에 대한 입장을 명확히 하는 것이 그에게는 더 의미가 있다. 정당성에 대한 사회적 실천을 "단순한 실천 이상의 어떤 것"(QC, 195)으로 보는 "이성의 수호자"로서의 철학의 역할이 있기 때문이다. 하버마스는 철학이 "단수의 형태로 합리성을 말할 수 있는 가능성"을 보존하면서, 한편으로 "하이데거를 통해 데리다로 이어지든" 또는 "바타유를 통해 푸코로 이어지든" 포스트모더니즘 방식의 "총체적이고 자기 지시적인 이성 비판"의 위험에 빠지지 않는 "의사 소통적 합리성 개념"을 원하고 있다. 그는 "일상적 의사 소통 행위"(QC, 196)에서 그러한 유형의 합리성을 발견하며, "계몽주의가 흔들어 놓았던 종교 전통의 사회 통합 능력은 동의를 만들어 내는 이성의 통합 능력에서 그 등가물을 발견할 수 있다"(QC, 197)고 믿는다.

포스트모더니즘의 급진적 이성 비판의 관점에서 볼 때 물론 이러한 논의는 명증적 진리라기보다는 좀더 바람직한 상황, 하버마스가 바람직하다고 보는 그런 상황이다. 이를 좀더 구체적으로 설명하려면 하버마스가 말하는 "동의를 만들어 내는 이성의 통합 능력"이 정적이고 이상적이며 초월적인 의미가 아니라는 사실, 결코 현전의 형이상학의 동일화 또는 객관화 원리로 보아서는 안 된다는 사실을 덧붙여야 한다. 의사 소통적 이성은 의사 소통 상대들간의 기본적 차이, 끊임없는 논증과 반론에서 나타나며, 결코 지속적이고 영원한 결과로 이끌지 않는다. 다시 말해서 동의를 만들어 내는 이성은 끊임없이 자신을 창조하며, 결코 완전한 성취를 이루지 않는다. 타당성에 대한 주장을 통해서 의사 소통적 이성은 현재를 초월하지만, 이러한 초월은 결코 절대적 성취에 이르지 못하며 영원히 자신을 새롭게 한다. 진리의 현전은 영원히 연기된다. 그러나 이러한 연기와 지연에도 불구하고 우리는 아직 헤겔주의를 벗어나지 못하고 있다. 이성과 진리는 여전히 중심부를 차지하고 사회적 담론을 구조적으로, 역사적으로 결정한다. 이러한 사고 모델을 통해 하버마스는 "모더니티의 계획"을 재확인하고 유지하며, 그곳이 수행적 모순과 자기 지시적 함정으로 가득 찬 철학의 위험 지역이라는 경고와 함께 포스트모더니티의 영역은 로티와 그외의 사람들에게 남겨둔다.

5

포스트모더니즘의 또 다른 지지자들은 모더니티의 종말을 나이 들고, 노쇠해지고, 자연사에 이르는 유기체 이미지로 보고 있다. 장 보드리야르는 그 과정을 과도한 성장이 새로움을 향한 혁신의 활기를 대체해 버린 상태에서 완전한 무관심으로 이끄는 광대한 의미의 상실로 보고 있다. "우리는 분명 다른 세계에 와 있다." 보드리야르는 다음과 같이 말한다.

상상력이 힘을 얻고 있고, 계몽주의와 지성도 마찬가지이다. 우리는 현재 완벽한 사회를 경험하고 있거나, 아니면 곧 경험하게 될 것이다. 모든 것이 성취되었다. 유토피아라는 천국이 지상으로 도래했고, 한때 빛나는 모습으로 우뚝 서 있던 것이 지금은 서서히 진행되는 파멸처럼 보인다. 우리는 이미 물질적 낙원의 숙명적인 위험성을 느끼고 있다. 소외의 시대에 이상적 질서의 표현이었던 투명성은 오늘날 동질적이고 테러리스트적 공간의 형태로 성취되었다.[18]

자니 바티모는 "모더니티의 종말"을 주체 · 존재 · 진리와 같은 원리들의 퇴색, 즉 "존재론적 쇠퇴"라는 좀더 학구적인 시각으로 보고 있다. 그는 최종성과 현존이라는 위안이 여전히 무한히 연기되어 있으며, 따라서 이러한 것에 더 이상 의존하지 않는 후기모더니즘과 포스트모더니즘 유형의 존재에 삶의 기술을 제공하려 한다. 이러한 존재 방식에 대한 영감은 《인간적인, 너무나 인간적인》의 스타일에 나타난 니체, 또는 죽음을 향한 입문으로 이해한 하이데거를 대단히 개인적인 입장에서 해석한 것에서 유래한다.[19]

그 용어의 규정적이고 결정적인 성격 때문에 모더니즘이나 포스트모더니즘 같은 용어는 사용하지 않고 있으나 자크 데리다의 텍스트에는 포스트모더니즘적인 글쓰기 스타일, 포스트모더니즘적인 사고의 반영적이고 아이러니한 면이 가장 잘 나타나 있다. 여기에서 모더니티의 종말, 또는 모더니티의 무한한 위반은 진술문 형태의 주장이 아니라 수행적 글쓰기를 통해 구체화되며 간접적 방식으로 소통된다. 다음 문장과 같은 일반적 언급은 포스트모더니즘에 대한 데리다의 가장 직접적인 진술이나, 그의 스타일과는 전적으로 거리가 멀다. "모더니즘이 궁극적 지배를 위한 노력을 통해 자신을 구분한다면, 포스트모더니즘은 아마도 그 지배 계획의 종말에 대한 진술 또는 경험이라고 할 수 있을 것이다."[20] 주의해야 할 점은 데리다에게 다원성 · 다

---

18) Jean Baudrillard, *Les stratégies fatales* (Paris: Grasset, 1983), 85.

19) Gianni Vattimo, *Al di là soggetto* (Milano: Feltrinelli, 1985); *La fine della modernità* (Milano: Feltrinelli, 1985).

20) Jacques Derrida and Eva Meyer, "Labyrinth und Archi/Textur," in *Das Abenteuer der Ideen: Architektur und Philosophie seit der industriellen Revolution* (Berlin: Austellungskatalog, 1984), 94–106.

의성·차이는 통일성의 상실(과거 역사)이나 극복해야 할 순간적인 응집력의 부족(미래)이 아니라 언어 그 자체의 특성(현재)이며, 따라서 역사상의 모든 시기에 다 적용된다는 것이다. 그에 따라 포스트모더니즘 현상은 이론적이고 철학적인 수준으로 부각되며 포스트모더니즘의 결정적인 표지인 이성 비판은 당대의 시점이나 어떤 학문적 관점에서가 아니라 본격적인 철학적 문제로 다루어진다.

데리다의 다양한 텍스트들 중에서 그의 포스트모더니즘적 스타일의 글쓰기, 포스트모더니즘적 사고를 가장 잘 보여 주는 실례는 아마도 《최근 철학에서 채택된 묵시론적 어조》[21]라는 짤막한 글일 것이다. 이 텍스트를 포스트모더니즘 논쟁으로 환원시킬 수는 없다. 그러나 전적으로 간접적이고 일상적인 방식이기는 하지만 분명 그 문제에 대한 몇몇 사항들을 다루고 있다. 그것은 그의 작업, 구체적으로 말해서 "인간의 종말"[22]과 관련된 그의 입장을 중심으로 한 세미나에 대한 데리다 자신의 반응이며, 아이러니한 설명이고, 유화적인 형태의 공헌이다.

인간의 종말은 자기 확신을 욕망하는 모더니티의 마지막 근거 원리인 주관성의 소멸, 즉 주체성의 죽음과 밀접하게 관련된 현대 사상의 두드러진 주제이다. 지식의 구조, 도덕, 사회·정치적 행위, 미학적 향유와 창조, 즉 리얼리티, 초월적 주관성 등의 마지막 기초로 생각했던 것이 수많은 의문의 대상이 된다. 그것들은 초개인적이고 탈주체적인 권력 집합체들에 의해 사전 결정되는 것처럼 보인다. 이러한 사

---

21) Jacques Derrida, *D'un ton apocalyptique adopté naguère en philosophie* (Paris: Edition Galilée, 1983). 필자 번역. 앞으로 이 텍스트는 *TA*로 표기함.

22) *Les fins de l'homme à partir du travail de Jacques Derrida: Colloque de Cérisy, 23 juillet-2 août 1980* (Paris: Editions Galilée, 1981).

전 결정은 주관성의 일차적 원리를 이차적 실체로, 산만한 시대 구성상의 우발적인 효과로, 기호·담론·제도·정전의 유동적 체계에서 가정된 결과에 의해 법제화되는 세계에 대한 사전 결정된 시선으로 평가절하시킨다. 인간의 수준이 더 넓은 영역을 평가하는 궁극적 리얼리티가 아닐 수도 있다는 비판적 의심은 "인간적인" 관점을 떨쳐 버리고 "인간적인, 너무나 인간적인" 스타일로 인문학적 바탕의 가치 판단을 초월하고자 하는 니체식의 충동과 맥을 같이한다. 푸코가 《사물의 질서》 마지막 부분에서 "해변의 모래 위에 그려진 얼굴처럼"[23] 사라져 버리는 인간의 소멸에 대한 그 유명한 말을 남긴 것도 이러한 맥락에서이다. 포스트모더니즘의 주제 중에서 인간의 종말에 대한 주장만큼 분노를 불러일으킨 경우는 없었다.

데리다는 종말·목표·죽음이라는 말의 미묘한 두 가지 의미를 구성하면서 "인간의 종말"이라는 표제를 통해 인간이 그의 목표(목적, 목적지, 정해진 기한)에 다다르는 것이 바로 인간의 종말이라고 한다. 그리고 이것은 다시 인간의 완성, **텔로스**, 자기 극복, 폐기, 소멸, 죽음 등 여러 가지 의미를 가질 수 있다고 한다.[24] 누가 이 궁극적인 과제를 부정할 수 있을까? 니체뿐 아니라 현대의 위대한 철학자들인 헤겔·후설·하이데거도 이러한 생각에 깊이 몰입했지만, 결국 인간의 "종말"을 생각하고 경험해야 할 필요성과 그것의 불가능함만을 증명했을 뿐이다. 이 근본적인 문제에서 한계에 대한 생각과 목표에 대한

---

23) Michel Foucault, *The Order of Things: An Archaeology of the Human Sciences* (New York: Random House, 1973), 387.

24) Jacques Derrida, "The Ends of Man," in *Margins of Philosophy*, trans. Alan Bass (Chicago: The University of Chicago Press, 1982), 109-36. 앞으로 이 텍스트는 *EM*으로 표기함.

생각은 항상 서로를 방해하며, "형이상학에서 인간의 이름은 항상 이 종말과 목표 사이에 기입되어 왔다"(*EM*, 123)는 좀더 근본적인 사실만을 드러낸다. 데리다에 따르면 이중의 의미로써 인간의 종말은 서구의 "존재론적 사고와 언어"에 "항상" 규정되어 왔고, "이러한 규정은 **텔로스**와 죽음의 놀이에서 **종말**의 양의성을 조정했다."(*EM*, 134) 이러한 상호 작용이 최대한의 결실을 맺게 하기 위하여 데리다는 모든 말들의 의미를 다 수용하여 그 관계를 다음과 같은 방식으로 읽을 것을 제안한다. "인간의 종말은 존재에 대한 사고이며, 인간은 존재에 대한 사고의 종말이며, 인간의 종말은 존재에 대한 사고의 종말이다." 나중에 생각났다는 듯이 그는 다시 덧붙인다. "인간은 이래로 항상 그의 고유한 종말, 즉 그의 고유함의 종말이다. 존재는 이래로 항상 그 고유한 종말, 즉 그 고유함의 종말이다."(*EM*, 134)

인간의 종말에 관한 이러한 양극단의 위상으로 인해 회의는 그 주제에 집중되었고, 《최근 철학에서 채택된 묵시론적 어조》라는 연설에서 데리다는 자신의 묵시적이고 종말론적인 철학적 어조를 덧붙여 그의 **텔로스**와 **타나토스**의 아이러니를 한층 격상시켜야 했다.[25] 제목이 암시하듯이 그 텍스트는 1796년 칸트의 "최근 철학에서 채택된 우월론적 어조"의 패러디이다. 그 글에서 칸트는 이성의 논리적이고 명증적인 철학을 버리고 초자연적인 계시, "종말론적 전수"를 통해 진리에 접근할 수 있다고 주장하는 철학자들을 비판하고 있다. 칸트가 염두에 두고 있었던 사람들은 슐로저와 야코비였다. 신비주의와 비전적 열정으로 잘 알려진 슐로저는 그 시대 사람들로부터 "새로 등장한 독일의 오르페우스"라는 이름을 얻었으며, "오르페우스교 현인의 불길

---

25) 데리다의 *D'un ton apocalyptique*와 *The Ends of Man*을 참고할 것.

한 목소리"라는 평을 받았다.[26] 야코비는 초월적 이상주의 스타일의 사변적 이성에 대한 반대로 악명이 높았다. 그는 철학적 사색을 내적 자아에서 경험하는 즉각적인 계시, 개인적 암시를 통한 진리에의 직접적이고 순수한 접근으로 대체하려 했기 때문에 키에르케고르를 연상시킨다. 따라서 그의 철학은 "도약의 철학," **살토**(salto)의 철학으로 알려져 있었는데, 몇몇 사람들에게 그것은 신성의 심연으로의 **살토 모르탈레**(salto mortale)이기도 했다.[27]

칸트가 합리적 계몽주의 태도를 취하고, "학문의 경찰"(*TA*, 31) 역을 떠맡으며 그와 같은 위반 행위로 인한 진정한 철학의 거세·파괴·죽음을 경고한 것은 바로 철학을 시와 비이성적 논증으로 수놓으려는 당대의 그러한 사람들 때문이었다.(*TA*, 21) 슐로저나 야코비와 같은 작가들은 자신들이 특권을 지닌 엘리트이며, 자신들만이 드러내 보일 수 있는 신비한 비밀을 소유하고 있다고 생각함으로써 인간 공동체를 벗어나 버렸다.(*TA*, 28-29) 그들은 "이성의 목소리"와 "신탁의 목소리"(*TA*, 30)를 대립시켰다. 철학적 노고는 필요 없으며, 자신 내부의 신탁에 귀를 기울이는 것으로 충분하다고 믿었다.(*TA*, 32) 칸트는 바로 그들이 쓰는 계시적 어휘를 빌려 그들을 "지혜의 여신에 너무 가까이 접근해서 드레스 스치는 소리만을 듣는" 자들, 또는 "이시스의 베일을 워낙 투명하게 만들어 그 베일 아래에서 여신을 추측하게 할

---

26) Friedrich Schlegel in his reviews of Schlosser, *Studien zur Philosophie und Theologie*, in *Kritische Friedrich Schlegel Ausgabe*, ed. Ernst Behler (Paderborn-München: Schöningh, 1975), vol. 8, 3, 33.

27) Friedrich Heinrich Jacobi, "Open Letter to Fichte, 1799," 그리고 "On Faith and Knowledge in Response to Schelling and Hegel," trans. Diana I. Behler, in *Philosophy of German Idealism*, ed. Ernst Behler (New York: Continuum, 1982), 119-57.

뿐인"(*TA*, 44) 자들이라고 평한다.

계속해서 지적하지는 않지만, 데리다는 당시의 "비전주의자들"과 철학의 죽음에 대해서 칸트가 말해야 했던 것이 포스트모더니티에 대한 우리 시대 철학자들의 경우에 쉽게 적용될 수 있음을 지적하고 있다. 어떻게 보면 데리다는 칸트의 텍스트를 흉내내고 있지만 또한 패러디하고, 따라서 변형시킨다.(*TA*, 17) 한편으로 데리다는 합리적 계몽주의의 이름으로 모든 진정한 철학의 죽음을 경고하는 듯하지만, 또 한편으로는 그러한 노력의 신뢰성에 상당한 의구심을 보인다. 이러한 의구심은 이 이야기가 제시되는 전반적인 틀이라 할 수 있는 계몽주의에서도 생겨난다. 우리는 계몽주의의 전체 구조, **빛의 세기**의 구조가 드러내고 발견하려는 시도에 근거해 있으며, 계몽주의의 위대한 업적인《백과전서》의 표지에 진리의 베일을 벗기는 모습이 새겨져 있음을 즉시 떠올리게 된다. 게다가 우리는 모더니티의 자기 확신과 같은 중대한 프로젝트가 이시스의 베일을 걷어내는 것만큼이나 장난기어린 욕망에서 유래한 것일지도 모른다는 생각을 하게 된다. 그러나 데리다는 이 폭넓은 문제를 더 이상 건드리지 않고 칸트에서 머물며, 비전주의자들의 비밀로 비판받아 온 놀라움에 떨리는 목소리가 칸트의 도덕 법칙에도 활기를 준다고 지적한다.(*TA*, 36) 그는 또 칸트의 모든 담론들이 계몽주의와 비전주의 담론 둘 중의 어느 한쪽에 위치해 있다는 점, 그리고 이러한 면이 우리 자신의 모더니티 문제에도 적용된다는 점만을 지적하고 있다.(*TA*, 53)

칸트와 마찬가지로 데리다도 종말이 다가옴을 이야기하는 위엄 있는 어조를 탈신비화하고 합리적 계몽주의를 수호하려는 듯이 보인다. 그는 "묵시론적 담론 그 자체를 탈신비화 또는 해체하며, 이와 함께 비전, 종말의 긴박함, 신성의 현현, 파로우시아, 최후의 심판에 대한 모든 것을 명료하게 폭로하려는 욕망"(*TA*, 64-65)에 고무되어 있는 듯하다. 그러나 이러한 해체 작업은 수많은 다양한 해석 장치들을 필요로 하며, 묵시론적 어조 그 자체의 가장 미묘한 특수성들이 관련되는 2단계 작업이 뒤따라야 한다.(*TA*, 66) 모든 묵시론적 담론의 원형인 《요한계시록》에서 데리다는 묵시론적 텍스트의 본질적인 특징을 발견한다. "더 이상 《계시록》에서 누군가에게 자신의 목소리와 어조를 빌려 주는 자가 누구인지, 누가 무엇을 누구에게 말하는지 알 수 없다."(*TA*, 77) 그러나 분명한 것은 인간이 "이 끝없는 컴퓨터의 단말기"라는 사실이다. 그래도 이 "천사의 구조," 확실한 기원과 목적지가 없는 언급을 또다시 언급하는 것이 바로 전반적인 글쓰기 모습이 아닌가라는 의문은 남는다. 데리다는 "묵시론적인 것이 모든 담론, 모든 경험, 모든 표지나 흔적의 초월적 조건이 아닌가?"(*TA*, 77-78)라고 묻는다. 따라서 탈신비화 작업은 이중적인 모습을 드러낸다. 한편으로 그것은 계몽주의 스타일의 작업이고, 따라서 한계가 없다.(*TA*, 81) 또 한편으로 해체주의 스타일의 탈신비화는 존재론, 문법, 언어, 의미론적 지식의 영역을 초월하는 묵시론적 담론의 특성들에 대해 열려 있다.(*TA*, 93)

예를 들면 이 영역은 유래하는 곳도 없으며, 동일시·증명·결정이 불가능하고 목적지도 없는 묵시론적 "도래"에서 열린다. 그리고 우리는 여기에서 묵시론에 대한 "진리"를 얻는다. 그것은 "묵시 없는 묵시; 비전 없는, 진리 없는, 계시 없는 묵시, 메시지도 도착지도 없는, 구체적인 발신자도 수신자도 없는 발송들('도래'는 그 자체가 복수이므로), 주소들……"(*TA*, 95)이다. 다시 말해서 최종적인 계시적 담론을 통해 최종적 진리를 드러내 보이려는 유형의 사고에는 더 이상 가능성이 없다. 그러나 이러한 진리에 대한 그 "진리," 묵시론에 대한 그 "진리"는 어떻게 할 것인가? 포스트모더니즘적 사고와 글쓰기 작업이 완곡한 표현, 간접성, 수사적 구성과 아이러니한 의사 소통을 통해 구체화되는 것은 바로 여기, 의사 소통의 한계가 위반되는 이곳에서부터이다.

2
낭만주의 시대에서 모더니즘 문학의 형성

　모더니티의 정신은 17세기에 베이컨·데카르트·파스칼이 설득력 있게 주창한 과학의 진보라는 아이디어와 불가분의 관계를 맺고 있는 것 같다. 베이컨에게 화약·컴퍼스·인쇄술 등 기계 분야의 발명과 발견은 세계의 지평선에 너무나 큰 변화를 초래해 과거와 비교해서 그가 속한 현재는 전혀 새로운 시대였다. 현재가 전통으로부터 합법적으로 유래할 수 없는 만큼 전통의 권위는 정지되었고, 진리는 권위의 딸이 아니라 시간의 딸이 되었다.[1] 살펴본 바와 같이 모더니티의 정신은 원래 과거의 압도적이고 우세한 권위에 대항하는 강한 자기 주장의 표현을 의미했다. 그리고 이러한 자기 확신은 과학 분야에서 최초로, 그리고 가장 쉽게 성취되었다.

　1647년 파스칼이 공간의 공허성에 대한 자신의 논문에 서문을 썼을 때, 그는 이미 과거에 대한 그의 초기의 존경심을 떨쳐 버린 후였으며, 증거와 실험으로 확신을 얻자 공허로움에 대한 두려움, **호로르 바쿠이**(horror vacui)라는 과학 원리를 기꺼이 포기했다.[2] 그는 더 이상

---

1) Francis Bacon, *Novum Organon*, ed. Thomas Fowler (Oxford: Clarendon Press, 1899).

과거의 결과를 연구의 목표로 삼지 않았으며, 과학 지식이 끊임없이 발전하여 무한한 완전에 이를 수 있다고 믿었다.(*BP*, 532-34) 그러나 그의 논문에 나타난 진보와 완전의 가능성은 이성과 실험에 바탕을 둔 엄격한 의미의 과학(기하학 · 산술 · 음악 · 물리학 · 의학)에만 해당하는 것으로 기억과 권위에 의지하는 분야(역사 · 지리학 · 법률 · 언어학 · 신학)와는 관련이 없었다. 후자의 지식이 완전해지는 데는 한계가 있는 반면, 과학은 지속적으로 발전하며 완전해질 수 있고 한계도 없다.(*BP*, 529-31) "우리의 시야는 더 확장되었고…… 우리가 그들보다 더 많은 것을 본다"(*BP*, 532)고 말하면서 파스칼이 과거에 대해 우월성을 주장하며 당대의 사람들을 설득한 것은 과학에 한정해서였다.

진보와 모더니티의 한계는 특히 예술, 문학과 시, 상상력의 산물과 취미 문제와 관련하여 두드러졌다. 진보와 완전의 가능성은 철학 · 과학 · 기술의 특권으로 남아 있었지만, 예술 분야로부터는 제외되어 있었다. 미학 분야에 진보와 완전의 가능성이라는 아이디어가 소개된 것은 18세기 후반에 이르러서였다. 과학과 예술, 즉 이성 영역과 상상력 영역의 역사적 위상과 관련하여 유럽 고전주의와 계몽주의는 특유의 적대적 성격을 보여 준다. 과학은 중단 없는 진보를 보여 주는 반면 예술은 항상 순환하며, 쇠퇴와 야만으로부터 벗어나게 해주었던 정확한 기준과 적절한 규범으로 되돌아가는 것으로 간주되었다.

이러한 가설의 명백한 철학적 원리는 철학과 과학이 진리와 자연만큼이나 무한한 반면, 시와 예술에는 벗어날 수 없는 불변의 인간 본성에 의해 결정되는 어떤 한계점이 있다는 믿음이다. 우리는 《백과전

---

2) Blaise Pascal, *Oeuvres complètes* (Paris: Gallimard, 1956). 앞으로 이 텍스트는 *BP*로 표시함.

서》의 다음과 같은 구절을 그러한 믿음에 따라 읽는다. "취미의 근본적인 규칙은 어느 시대에나 동일하다. 그것은 인간 마음의 불변의 속성에서 유래하기 때문이다."[3] 이러한 원리가 폐기되고 과학과 마찬가지로 예술이 무한한 진보의 과정에 포함된 후에야 비로소 우리는 완전한 의미의 모더니즘 문제를 이야기할 수 있고, 그 새로운 상황과 관련된 모든 결과와 문제점들을 깨달을 수 있다.

1

그러므로 역사상 처음으로 시 · 문학 · 예술을 끊임없는 진보 과정에 있는 것으로 바라보았던 낭만주의 시대의 초기와 18세기말을 서양 역사에서 완전한 의미의 모더니즘이 드러나는 시기로 구분지을 수 있을 것이다. 그것은 고전주의 원칙을 가장 결정적으로 중단시킨 것이며, 현대적 의식의 가장 인상적인 표현이다. 문학사와 예술사에서 고전주의의 순환성 개념이 시가 넘어설 수 있는 완전의 한계를 제한한 반면, 완전의 가능성이라는 개념은 시에게 새로운 창작의 길을 열어주었다. 새롭게 형성된 시 개념의 결정적인 특징들은 모두 무한한 완전의 가능성이라는 개념과 밀접하게 연관되어 있다. 우리는 이것을 모방 대신 창조적 표현으로서의 시 개념, 시인의 창조성과 상상력, 역사적으로 변화하고 발전하는 체계를 위한 장르상의 위계 질서의 부정 등을 통해 쉽게 이해할 수 있다. 문학 작품에 대한 독자의 이해조차 무한한 완전의 가능성이라는 과정과 연관되었고, 이 결정적인 변화는 거

---

3) *Encyclopédie ou dictionnaire raisonné des Sciences, des Arts et des Métiers, par une Société de Gens de Lettres* (Geneva: Pellet, 1777), vol. 2, 608–11.

의 동일한 시기에 유럽 전역에서 발생했다. 과거와 현대의 투쟁은 시에서도 현대의 승리로 끝났고, 모더니티의 시대가 본격적으로 시작된 듯이 보였다.

다른 영역의 역사적 사건들도 이 단절의 시기를 확증해 주는 듯하다. 가장 대표적인 예는 유럽의 사회·정치적 삶에 중대한 변화의 계기를 마련했고, 문학상의 근본적 변화, 고전주의 전통과의 급진적 단절을 가져온 낭만주의의 형성과도 밀접하게 연결되어 있는 1789년 프랑스 혁명이다. 대부분의 비평가들에게 낭만주의는 18세기말에 발생한 급진적 변혁의 또 다른 표현이며, 프랑스 혁명은 정치와 사회 분야에서 가장 두드러진 경우이다. 그 당시의 새로운 방향 설정에 대한 증거는 철학에서도 찾아볼 수 있다. 1787년 《순수 이성 비판》의 재판 서문에서 칸트는 자신이 소개한 새로운 방식의 철학적 사고를 철학에서의 코페르니쿠스적 전환이라고 보았다. 말하자면 철학적 시각이 인식의 대상으로부터 인식하는 주체로 바뀐 것이다.[4] 그의 원칙을 추종하는 사람들은 곧 칸트의 혁신을 철학상의 혁명이라고 선언했으며, 칸트의 사고에서 당시를 특징짓는 전반적인 변혁의 또 다른 표현인 프랑스 혁명에 비교될 어떤 것을 발견했다. 따라서 18세기 후반은 적어도 세 가지 혁명, 곧 정치·문학·철학의 혁명으로 특징지어지며, 각각은 현대적 상황을 위한 구질서, 구체제의 극복을 공통적으로 보여 준다.

그러나 예술과 시를 대표하는 사람들로서는 자신들의 위상을 모더니즘의 노선에 분명하게 위치시키는 데에 근본적인 거부감을 가지고

---

4) Immanuel Kant, *Philosophical Writings*, ed. Ernst Behler (New York: Continuum, 1986), 6-7.

있다. 이러한 거부감은 모더니즘의 명료한 시기 구분에 대한 역사가들의 태도에서도 발견할 수 있다. 그들은 시대적 단절에 대한 수많은 징조와 당대의 증거들에도 불구하고 모더니즘이 시작된 정확한 시기를 규정하는 데에는 기본적으로 망설이는 태도를 보인다. 한편으로 우리는 그것의 성격이 충분하게 드러나는 시기까지 모더니즘의 진정한 출현을 연기시키고자 하는 경향이 있다. 이러한 경향으로 인해 모더니즘의 시작은 17세기의 과학적 태도에서 18세기말 삶의 다른 영역에서 발생한 현대적 혁명으로 연기된다. 그리고 거기에서 19세기말 점점 증대되어 가는 현대 정신의 자아 비판적 의식으로, 다시 "포스트모더니즘"적인 태도의 형성을 흔히 모더니즘 정신의 절정으로 해석하는 20세기말 현재 우리의 위치로까지 연기시킨다. 그러나 이와 반대로 모더니즘의 시작을 더 이른 시기에서 찾고자 하는 경향도 있다. 만약 현대적 태도의 출현을 새롭게 형성된 유럽 합리주의의 과학적 자의식에서 찾는다면, 동일한 근거로 종교 개혁이나 르네상스가 가져온 혁신에서도 새로운 시작을 찾을 수 있을 것이다. 또한 1200년과 관련된 말세론적 유산 또는 기독교 형성에 따른 고대 세계와의 결별에서도 찾을 수 있을 것이다.

시대적 단절을 구체적으로 지칭하는 데 따른 회의론은 또한 수많은 문화적 영역들 사이의 사건들에서 연계성을 경험하기 어렵다는 사실에 의해서도 영향을 받는다. 우리의 역사에서 접하게 되는 것은, 과학·종교·철학·정치·문학·예술 등과 같은 삶의 서로 다른 영역들간의 단절과 다양성이다. 따라서 모더니즘 정신 구조의 발전 과정을 낭만주의, 특히 문학과 비판 이론이라는 특수한 단계, 특수한 영역에서 살펴보는 노력은 그와 같은 회의적 제한 조건 아래에서 이루어질 것이다. 모더니즘과 모더니티에 대한 이중적 태도는 다른 어떤 문화 영역보다도 문학과 비평에서 확연히 나타나는 듯하다.

2

문학, 시, 예술 창조 영역에서 당대의 유럽인들에 대한 고전적 그리스 · 로마인들의 지대한 우월감이 처음으로 역전되는 징조를 보인 것은 소위 **신구 논쟁**(querelle des anciens et des modernes), 고전적 예술의 지지자와 현대적 스타일의 주창자 사이에 벌어진 그 유명한 논쟁이었다. 이 논쟁은 주로 프랑스와 영국, 그리고 이후 독일에서도 진행되었던 17-18세기의 대표적인 비판적 논쟁이었으며, 본격적으로 현대적 의식과 문학의 모더니티를 형성하는 근본적인 사건이었다. 생 테브르몽 · 페로 · 드라이든 · 포프 · 존슨 같은 비평가들은 루이 14세 시대의 위대함과 라신 · 코르네유 같은 당대의 위대한 작가들 또는 세익스피어의 독특한 극적 재능에서 영감과 확신을 얻었다. 그들은 그리스 · 로마의 고전주의 모델의 부담스런 무게를 떨쳐 버리고, 현대에 걸맞는 자신감과 독자적 스타일을 가질 권리를 작가들에게 제공해 주고자 했다. 사람들은 그들의 시대가 아리스토텔레스의 《자연과학》의 세계를 넘어섰을 뿐 아니라, 그의 《시학》에서 찾아볼 수 없는 새로운 예술적 아름다움을 창조해 냈음을 증명하고 싶어했다. 그때까지 주로 철학과 과학 분야에서만 사용되었던 진보와 완전의 가능성이라는 개념이 시와 예술에도 적용되기 시작한 것이다. 그러나 과학의 경우 당시 진보의 개념이 이미 정착이 된 범주였지만, 문학과 예술 또는 상상력과 취미의 영역은 18세기가 한참 지난 후까지 불변의 인간 본성이라는 개념에 의해 결정되는 상태로 남아 있었다.

신구 논쟁에서 현대적 입장을 지지하는 사람들 사이에서조차 분명히 드러나고 있는 이러한 이중적 감정은, 작가와 문학비평가들이 노골적으로 현대적 입장을 지지하는 데 대한 거부감을 표현하는 듯이 보인다. 현대적 입장을 지지하는 태도는 과거와 고전주의를 반대하는 것으로 보였으며, 현대적 성향의 대변자들은 구성적 구조, 이중 의미, 모호한 표현을 통해 자신들의 논점이 그러한 인상을 남기지 않도록 하려고 애썼다. 퐁트넬은 이러한 양극단의 모더니티 문제의 한 예를 보여준다. 1688년 《고대인과 현대인에 대한 여담》에서 그는 고대인과 현대인의 우수함 여부 문제는 결국 "시골길에서 보곤 했던 나무들이 오늘날의 나무들보다 큰지 아닌지를 아는 것"으로 요약된다고 주장한다. 그는 "만약 오늘날 우리의 나무들이 과거의 나무들만큼 크다면 우리는 호메로스·플라톤·데모스테네스에 필적할 수 있다"(*DAM*, 358)[5]고 생각한다. 당시의 나무들이 훨씬 크고 아름다웠을 수 있듯이, 만약 고대인들이 우리보다 나은 위치에 있었다면 "당시 사람들의 뇌가 우리보다 더 잘 정리되어 있었기 때문이었을 것"이라고 그는 주장한다. 그러나 실제로는 "자연은 손에 항상 같은 흙을 쥐고 있다." 시대가 "인간들 사이의 자연적 차이"를 만들어 내지는 않지만 기후와 그 외의 다른 상황들은 그렇지 않은데, 이는 민족성의 차이에서 확연히 드러난다.(*DAM*, 360)

과학이나 철학과 달리 퐁트넬에게 웅변술이나 시는 제한된 수의 아이디어만이 필요하며, 주로 상상력에 의존한 것이었다. 그러므로 이러한 분야의 완전함은 "몇 세기 후에"(*DAM*, 363) 성취될 것이다. 고

---

5) Bernard le Bouvier de Fontenelle, *A Digression on the Ancient and the Moderns*, in *The Continental Model*, ed. Scott Elledge and Donald Schier (Ithaca: Cornell Univerity Press, 1970). 앞으로 이 텍스트는 *DAM*으로 표기함.

대인들이 완전의 정점에 도달했고, 그들을 넘어설 수 없다고 결정한다 하더라도 그로 인해 "그들에게 필적할 상대가 없다"(*DAM*, 365)고 결론지어서는 안 된다. 물론 어느 정도까지 필적할 수 있는지를 측정하기는 어렵다. 로마인들이 그리스인들에 비해 현대인이었던 만큼 그리스인들은 로마인들에 비해 열등해 보인다.(*DAM*, 364) 인간성은 결코 나이를 먹지 않는 살아 있는 존재인 것 같다.(*DAM*, 366-67) 어느 날엔가 퐁트넬은 자신이 살고 있는 루이 14세의 시대가 그리스 · 로마 시대와 동등한 시대, 즉 고전의 시대가 될 것이라고 주장한다.(*DAM*, 368) 그는 만약 이 시대의 위대한 인물들이 후손들에게 관대한 마음이 있다면, "그들은 이후의 세대들에게 자신들을 너무 과도하게 존경하지 않도록 경고"(*DAM*, 369)하는 것이 좋다고 권고한다. 달리 말해서 퐁트넬은 비록 현대인이었지만 고대인과 현대인 사이의 기본적인 동등성을 확신한다.(*DAM*, 360) 그는 "행복, 재능, 사회 계급에 따른 이익과 불이익, 정신적인 것과 관련된 재능과 부재 등 인간에게 부여된 어떤 것이든 자연의 여신은 거의 공평하게 무게를 측정한다. 나는 이것을 보여 주기 위해 자연의 여신을 정의의 여신처럼 손에 저울을 들고 있는 모습으로 그리고 싶다"(*DAM*, 368)고 말한다.

영국의 경우 고대인과 현대인의 논쟁에 나타난 미묘하고도 복잡한 모더니즘 문제의 가장 좋은 예로 아마도 드라이든의 《시극에 대한 에세이》(1668, 1684년 개정)[6]를 들 수 있을 것이다. 재치 있고 문명화된 네 명의 대담자들이 테스 강의 배 위에서 벌이는 비판적 토론의 주제는 곧 드라마 부분에서 고대인과 현대인의 차이에 초점이 맞추어진

---

6) *Essays of John Dryden*, ed. W. P. Ker (New York: Russel and Russel, 1961). 앞으로 이 텍스트는 *DP*로 표기함.

다. 그들의 토론은 프랑스 드라마뿐 아니라 보몬트 · 플레처 · 존슨에서 셰익스피어에 이르는 영국 드라마의 발전 과정까지 포함한다. 토론 참가자들 중에서 우리는 드라이든의 목소리를 금방 발견하게 된다. 그는 셰익스피어의 드라마에서 규칙과 격식이 아니라 삶의 충만함, 유머, 정열, "위트"에 근거한 새로운 문학 정신을 발견하고는 셰익스피어를 "우리 시대 시인들의 아버지인 호메로스와 같은 자"로 극찬한다. 배가 서머싯 스테어스에 도착하고 네 사람이 하선할 때까지도 그들은 어느것에도 의견의 일치를 보지 못한다. 그러나 누구나 자신의 의견을 개진했고, 응답을 들었으며, 반론의 여지를 남겼다. 드라이든은 이후 플라톤의 대화에 나타난 논증 방식을 언급하며, 회의적이고 아이러니한 분위기가 논쟁에 활기를 불어넣는다는 점을 강조한다. 그는 말하기를 "나의 모든 이야기들은 소크라테스 · 플라톤 등 고대의 철학자들이 사용했던 방식에 따라 회의적인 분위기로 구성되었다"고 한다. 이어서 그는 "보시다시피 이것은 서로 다른 의견을 가진 사람들에 의한 대화로서 그들 모두 의심의 여지가 있으며, 이는 일반 독자들이 결정할 사항이다"(*DP*, 124)라고 덧붙인다.

고대인에 대한 우월감은 비극 분야의 비평가들에게서 더 쉽게 발견된다. 예를 들어 페로는 드러내 놓고 그리스 비극보다 코르네유와 라신의 비극을 선호한다. 그는 고대인들이 페로 자신의 시대와 마찬가지로 7개의 행성과 수많은 붙박이별들을 알고 있었지만, 그 행성들의 위성들과 그 이후로 발견된 수많은 작은 별들은 알지 못했다고 주장한다.(*PAM*, 2:29-30)[7] 마찬가지로 그들은 "인간의 정열을 알고 있었지만, 거기에 동반되는 작은 감정들과 상황들의 유사성은 알지 못했다." 해부를 통해 고대인들이 알 수 없었던 인간의 마음에 대한 새로운 사실들을 알 수 있었듯이, 고대인들이 알지 못했던 의향 · 반감 · 욕망·역겨움 등이 도덕적 지식에 포함되었다. 페로는 당대 작가들의 도덕론, 비극, 소설, 수사적인 글 등에서 고대인들에게서는 전혀 찾아볼 수 없는 수많은 섬세한 감정들을 찾아낼 수 있다고 믿었다.(*PAM*, 2:30-31)

이것이 모더니티에 대한 문학 담론과 밀접하게 관련된 17세기 비평 논의의 기본 노선이다. 비극에 대한 논쟁에서 현대인의 입장을 적극적으로 옹호한 대표적 인물인 생 테브르몽은 《고대 비극과 현대 비극》(1672)에서 아리스토텔레스의 《시학》이 그의 《자연과학》만큼이나 시대에 뒤떨어졌다고 주장했다. 데카르트와 가상디가 아리스토텔레스에게는 알려지지 않았던 진리를 발견했듯이, 코르네유는 "아리스토텔레스가 몰랐던 무대의 아름다움"(*AMT*, 171)[8]을 창조했다. 그는 고대 비극 장르의 최고 작품들――예를 들어 《오이디푸스 왕》――을 원본의 힘을 그대로 살려 프랑스어로 번역하면 "그보다 잔인할 수 없고, 인간이 소유해야 할 진실한 감정들에 그보다 역행하는 것 또한 없다"(*AMT*, 182)는 사실을 깨닫게 될 것이라고 믿었다. 퐁트넬은 1688년의 《고대인과 현대인에 대한 여담》에서 소포클레스·에우리피데스 또는 아리스토파네스의 대표작들도 루이 14세 시대의 비극들과 희극들에 필적할 수 없으며, 따라서 "고대인들에 대한 과도한 감탄만큼 진

---

7) Charles Perrault, *Parallèle des Anciens et des Modernes en ce qui regarde les arts et les sciences*, ed. Hans Robert Jauß (Munich: Kindler, 1964). 앞으로 이 텍스트는 *PAM*으로 표기함.

8) Charles de Saint-Evremond, *Oeuvres en prose*, ed. René Ternois (Paris: Didier, 1969), vol. 4, 170-84. 위의 번역은 Scott Elledge and Donald Schier, eds., *The Continental Model* (Ithaca: Cornell University Press, 1970), 123-30의 Pierre Desmaizeaux, *The Works of M. de Saint-Evremond* (London, 1928)을 이용했음. 앞으로 이 텍스트는 *AMT*로 표기함.

보를 가로막고 시야를 축소하는 것은 없다"(*DAM*, 368-69)고 주장했다. 선도적으로 고대인들의 편에 섰던 브알로조차 아리스토텔레스에게 알려지지 않았던 드라마상의 혁신이 루이 14세 시대에 있었음을 인정했다. 그러나 그는 자신의 주된 논쟁자였던 페로에게 "코르네유의 가장 뛰어난 수법이 결국 리비우스 · 디오 카시우스 · 플루타르코스 · 루카누스 · 세네카에서 유래한 것"이라고 한다. 그리고 "오늘의 라신을 있게 한 것이 소포클레스와 에우리피데스"이고, "몰리에르 예술의 가장 뛰어난 사항들이 플라우투스와 테렌티우스에게서 배운 것"[9]이라는 사실을 부정할 수 있는지를 묻는다.

프랑스 고전비극의 우수성에 대한 믿음은 18세기에 확연히 증가했다. 1748년의 《고대와 현대 비극 논고》에서 볼테르는 "프랑스 드라마가 연출, 무대 장치, 수많은 특수한 미적 요소들로 인해 그리스 드라마를 얼마나 앞서 있는지"를 고려하지 않는다면 크나큰 판단력 부재를 드러내게 될 것이라고 주장했다. 볼테르에게 프랑스 드라마는 그리스 신화를 역사로 대체하고, 드라마의 주된 요소로 정치 · 야망 · 질투 · 사랑의 정열을 소개함으로써 자연을 좀더 충실하게 모방할 수 있었다.[10] 고대 비극과 현대 비극의 또 다른 중요한 차이점은 1751-1772년 디드로의 《백과전서》에서도 발견된다. 퐁트넬의 《시학 반성》(1742)에서 이미 개진된 아이디어를 통해 그 비극 부분 담당자는 불행의 원천을 인간의 외적인 것과 내적인 것으로 나누어 비극 장르를 분류했

---

9) Nicolas Boileau-Despréaux, *Oeuvres complètes* (Paris: Gallimard, 1966). 위의 번역은 Boileau, *Selected Criticism*, trans, Ernest Dilworth (Indianapolis: The Library of Liberal Arts, 1965), 55에서 인용했음.

10) 그의 비극 *Sémiramis* (1748)의 서문. *Oeuvres complètes de Voltaire* (Kehl: De l'Imprimerie de la société Littéraire Typographique, 1785), vol. 3, 357-91에서 인용.

다.(*E*, 33:840)[11] 고대 비극은 언제나 외부적 원인들, "운명, 신의 분노 혹은 동기 없는 신의 의지, 즉 숙명"(*E*, 33:841)에 근거한 것으로 묘사되어 있다. 그러나 현대 드라마에서 비극은 더 이상 숙명의 노예인 인간의 모습이 아니라 인간 자신의 열정에 의한 재난을 그리고 있다. 비극적 행위의 핵심이 인간의 마음에 위치한 것이다. 코르네유가 창조한 현대적 비극은 최소한 이런 경우였다. 문예 부흥 이후로 그리스 비극의 바탕인 비현실적 역사와 확연히 구별되는 새로운 비극적 사건의 원천을 발견한 사람은 코르네유였다. 이 새로운 발견과 함께 "현대 유럽은 자신만의 비극 유형을 깨닫게 되었다."(*E*, 33:845)

  그러나 문학과 시에서 현대인의 우월성을 분명히 한 사람들도 그 분야에 진보와 완전의 가능성 개념을 적용하는 것은 거부했다. 그 이유는 그들이 자신들을 더 이상 루이 14세 시대를 특징짓는 문학과 예술의 위대한 번창의 일부분으로 보지 않고, 오히려 이미 완벽의 정점으로부터 몰락해 가는 과정에 위치했다고 보았기 때문이다. 그 쇠퇴의 원인은 "상상력을 대가로 한 이성의 발흥"[12]에 있었다. 페로는 "우리가 이후의 세대를 부러워해야 할 일은 별로 없을 것"(*PAM*, 1:99)이라며 이성의 발전을 기분 좋게 받아들였다. 한편 볼테르는 루이 14세 시대를 "천재의 시대"라고 부르면서 그와 비교하여 "지금의 시대는 천재에 대한 추론만을 행하고 있다"[13]고 말한다. 디드로는 자신을 철학에게 악기를 빼앗겨 버린 시인으로 생각했다.[14] 1767년 《살롱》에 그

---

11) *Encyclopédie* (Geneva: Pellet, 1772), vol. 33. 이 부분의 필자는 Jean-François Marmontel이다. 앞으로 이 텍스트는 *E*로 표기함.

12) René Wellek, "The Price of Progress in Eighteenth-Century Reflections on Literature," *Studies on Voltaire and the Eighteenth Century* 151-55 (1976), 2265-84를 볼 것.

는 다음과 같이 썼다. "옛길은 우리로서는 필적할 만한 대상을 찾을 수 없을 정도로 숭고한 모델들이 차지했다. 누군가는 시론을 쓰고 새로운 장르를 만들어 내며, 어떤 사람은 기괴해지고 매너리즘에 빠진다."[15] 이러한 생각은 언어의 기원에 대한 문제를 동반했는데, 그에 따르면 언어가 생겨난 첫번째 단계에서 그 언어는 실재적이고 은유적이며 시적이었으나, 이후 단계에서 무색의 인공적이고 추상적이며 철학적인 언어로 바뀌었다는 것이다.

이 문제에 관한 가장 재치 있고 재미있는 글은 아마도 1755년에 씌어진 데이비드 흄의 《예술과 과학의 발흥과 진보》[16]일 것이다. 진보를 논하면서 흄은 예술과 과학을 연결시키고 있으며, 아이러니하게도 두 분야의 공공의 위상을 자연적·순환적 발전에서 이성과 진보의 차원으로 끌어올리려 하고 있다. 그는 그러한 의도를 예술과 과학의 발흥과 진보가 "우연"에서 유래하는지 "원인"에서 유래하는지를 묻는 형태로 표현하고 있다. 그러면서 그는 "우연적인 것"은 이해할 수 없고 자연적인 것인 반면, "원인에서 유래하는 것"은 이성적인 것이고 이해 가능한 것임을 분명히 암시한다. 예술과 과학의 진보와 완전의 가능성을 주장하는 흄의 입장은 확고한 토대를 갖춘 듯 보이지만, 진보 문제를 자세히 살펴보면 사상누각임이 금방 드러난다. 이러한 사

---

13) Voltaire, "Défense du siècle de Louis XIV," *Oeuvres complètes*, ed. Louis Moland, 52 vols. (Paris: Garnier, 1877-85), vol. 28, 338.

14) Frans Hemsterhuis, *Lettre sur l'homme et ses rapports: Avec le commentaire inédit de Diderot*, ed. Georges May (New Haven: Yale Unversity Press, 1964), 85.

15) Denis Diderot, *Salon* (1767), ed. Jean Sznec and Jean Adhémar, 3 (1767) (Oxford: Oxford University Press, 1963), vol. 3, 336.

16) David Hume, *Essays, Literary, Moral and Political* (London: Ward, Lock, and Co., n.d.), 63-79. 앞으로 이 텍스트는 *R*로 표기함.

실은 그가 쓴 "관찰들"이라고 공식화된 그 글의 네 가지 원리를 살펴보면 쉽게 발견할 수 있다. 그의 첫번째 관찰은 "국민들이 자유로운 정부라는 축복을 누리지 못하는 한 어느 민족에게서도 예술과 과학이 발흥하는 것은 불가능하다"(R, 66)는 것이다. 두번째 관찰에서는 이 논점을 강화하며 다음과 같이 주장한다. "무역과 정책을 통해 연결되어 있는 이웃의 수많은 국가들보다 예의와 지식의 발흥에 더 좋은 조건은 없다."(R, 68) 그러나 세번째에서 두 종류의 진보를 통합하는 일은 어려움에 직면한다. "공화정은 과학의 발달에 가장 적합하며, 문명화된 군주는 미술 발달에 도움이 된다."(R, 71) 네번째 관찰에서 진보와 진보성은 막다른 골목에 처한다. "어느 국가에서든 예술과 과학이 완벽에 이르면 그 순간부터 자연적으로 또는 필연적으로 쇠퇴하기 시작하며, 한때 번성했던 그 나라에서는 거의, 아니 결코 되살아나지 못한다."(R, 78)

3

문학 창조의 고전적 모델이 극복되고 무한한 진보 과정과 관련된 시의 개념으로 대체되면서 전혀 새로운 시의 개념, 근본적으로 새로운 의미의 모더니티가 등장한다는 것은 당연해 보인다. 이 결정적인 변화는 전 유럽에서 거의 동시에 발생했고, 낭만주의의 시작을 알렸다. 무한한 완전의 가능성을 예술에 적용시키며 낭만주의 작가들은 사상의 진보, 문학이 사회적 삶과의 교류에 참여하는 완전히 새로운 개념의 문학 텍스트를 만들어 냈다. 유럽의 낭만주의에서 18세기말에 나타난 모더니티 문학의 구체적 특징을 들라고 한다면 그것은 예술, 특히 시에서의 무한한 변화와 가변성에 대한 호의적 태도라고 결론지을 수 있을 것이다.

무한한 완전의 가능성은 또한 프랑스 혁명에 대한 이들 초기 낭만주의자들의 반응의 표현이기도 하다. 이러한 의미에서 그들의 글에 드러난 무한한 완전의 가능성이라는 개념은 다소 혼란스러운 설명, 당혹감이 섞인 주장으로 나타난다. 또 한편으로는 혁명에 모든 기대를 걸었지만 예측하지 못했던 방향으로 진행되는 것에 놀라, 이제는 완전함과는 모순되는 듯한 일련의 사건들에서 의미를 찾아내려고 하는 사람들의 사과하는 듯한 어조의 반응으로 나타난다. 혁명이 실패했거나 또는 실패한 듯 보였던 만큼 혁명 의식의 동기와 추진력을 제공했던 그 개념은 괴상하게 뒤틀리며 종말을 고했거나 최후의 위안 또는 정당화로 변하며 연기되었다. 이러한 태도는 프랑스 혁명의 대의 명분이 사라졌다고 하더라도 정치적 수단이 아닌, 아마도 정치적인 것보다 더 효율적이고 항구적인 수단을 통해 인간성의 해방이라는 보물만큼은 지키려 하는 시도와 밀접하게 연결되어 있다. 혁명을 보편적이고 철학적인 인간성의 해방으로 변형시키는 것은 당시 유럽의 모든 낭만주의자들의 주된 관심거리였으며, 낭만주의 시대에 드러난 문학상의 모더니티의 기본 특징들을 설명해 준다. 이것은 프랑스 혁명에 대한 비판적 반성의 시작이며, 그 사건에 대한 가장 중요한 반응이다. 이러한 반성은 낭만주의 시대 모더니티 정신, 그리고 인류의 무한한 완전의 가능성 개념으로부터 분리될 수 없다. 그런데 이 개념은 18세기에 매우 독특하고 특별한 표현을 보여 준다. 당시 무한한 완전의 가능성과 모더니즘 경험은 상실감, 우울, 아이러니, 회한, "그렇기는 하지만……"이라고 말하는 듯한 태도 등과 결합되어 있다. 그것은 계몽주의의 자신감 넘치는 기대와는 상반되지만 낭만주의 정신의 통합적 일부분을 구성하는 감정인 것이다.

혁명의 발생과 관련해서 볼 때 당시 스탈 부인은 비록 어린 나이였지만 그 사건의 원인을 풀어낼 수 있는 누구보다도 유리한 입장에 있었다. 혁명에 대한 스탈 부인의 가장 직접적인 설명은 《프랑스 혁명 고찰》[17]이지만, 넓게 보면 그녀의 전 작품이 혁명에 대한 반응이라고 볼 수도 있다. 사실 가장 직접적인 의미에서 혁명의 이해를 위한 관점을 제공하려는 시도는 1800년의 《문학론》으로서 인간 정신의 완전 가능성이 중심 주제로 다루어지고 있다.[18] 역사에 대한 전문성이 떨어짐에도 불구하고 그 책은 상당히 혁명적인 프로그램이며, 이러한 의미에서 설명하고자 하는 그 사건에 상응한다. 문학을 완전의 가능성이라는 관점에서 본다는 것은 분명 고전적인 원칙의 결정적인 중지이며, 앞으로 등장할 낭만주의 혁명에 대한 인상적인 소개이다. 스탈 부인은 그 이론을 통해 고대인과 현대인의 논쟁에서 자신이 현대인의 입장에 있음을 선언했으며, 현대 문학 평가에 새롭고 본질적인 특징들을 보여 주었다. 그 특징들은 영혼의 좀더 세련된 열정, 복잡한 인간의 마음에 대한 더 섬세한 지식, 인간 관계에서 여성의 가치, 문학과 당대의 철학, 사회 제도와의 깊은 상호 관계 등으로 이루어져 있었다. 그녀는 대체로 "정신의 즐거움"(OL, 271)에 몰두해 있었던 17세기 작가들을 18세기 작가들과 비교해 보면 정치적 자유가 문학에 가져올 수 있는 커다란 변화에 대한 기대를 발견할 수 있다고 한다. 그리고 그에 따라 "마음이 실제적인 힘을 행사하는 정부에서 예술가는 어떤 권력

---

17) Madame de Staël, *Considérations sur la Révolution française*, ed. Jacques Godechot (Paris: Tallandier, 1983). 앞으로 이 텍스트는 *CRF*로 표기함.

18) Madame de Staël, *De la littérature considérée dans ses rapports avec les institutions sociales*, ed. Paul van Tieghem (Geneva and Paris: Droz, 1959). 앞으로 이 텍스트는 *OL*로 표기함.

을 얻을 수 있는가?"(*OL*, 288)라는 의문을 떠올리게 된다고 말한다.

《문학론》의 후반부는 바로 이 문제를 집중적으로 다루고 있다. 프랑스 혁명을 "지성사의 새로운 시대"로 소개한 후 스탈 부인은 "자유와 정치적 평등이 이루어지고 도덕과 제도가 일치하는 위대한 국가, 계몽화된 국가의 문학"(*OL*, 291)은 어떤 모습을 띠게 될 것인가라는 문제를 살펴본다. 좀더 정확히 말해서 스탈 부인은 "언어, 예법, 의견의 천박함"이 증명하듯이 여러 가지 면에서 혁명은 취미와 이성의 퇴보를 가져왔다는 점을 잘 알고 있었다.(*OL*, 293) 폭력과 관련해서 그녀는 그 끔찍한 시기를 "삶의 사건으로서의 범위를 완전히 벗어나는, 정상적인 경우로는 설명할 수도 없고 있을 수도 없는 어처구니없는 현상"(*OL*, 293)으로 볼 것을 제안하고 있다. 그녀의 《프랑스 혁명 고찰》은 당시의 범죄 행위들을 지금은 유명해진 이미지들을 통해 묘사하고 있다. 1793년 5월 31일 지롱드당의 추방 직후와 관련해서 그녀는 "마치 단테의 경우처럼 사람들은 점점 더 지옥으로 빠져들어가는 것 같다"고 썼다. 그리고 공포 통치 일반과 관련해서는 "이 시대에는 혼란스런 사실들뿐이며, 사람들은 그런 역사에 참여하는 것이 필연적으로 상상력에 지울 수 없는 피의 흔적을 남기게 되지 않을까 두려워한다"(*CRF*, 303)고 말한다. 당시의 사건들을 회상하면서 그녀가 가장 두려워했던 것은 약 20개월 동안에 매일 80명이 처형당했다는 사실이 아니었다. 그것은 그 와중에서 파리 시민들이 아무 일도 없다는 듯이 일상 생활을 영위했다는 점, 결국 "삶의 모든 무미건조함, 모든 천박함이 가장 음침한 분노와 나란히 이어졌다"(*CRF*, 306-7)는 점이었을 것이다. 그러나 그러한 사건들도 문학과 철학의 완전 가능성을 방해할 수는 없다. 스탈 부인은 말한다. "앞으로 지적하겠지만 내가 그리스 시대부터 살펴보았던 전진, 문학과 철학에서의 새로운 진보는

완전의 가능성 체계를 지속시킨다."(*OL*, 294)

　스탈 부인의 《문학론》은 문학 분야에서 최초로 완전의 가능성과 모더니티의 묘사를 통해 그러한 이론이 암시하는 모든 결과를 보여 주는 경우인 듯하다. 그런데 문학상의 완전 가능성을 통해 성취하는 것들, 스탈 부인이 새로운 감성과 인간의 마음에 대한 좀더 철저한 지식의 획득이라고 기술한 것들을 자세히 살펴보면 현재 문제가 되고 있는 문학상의 모더니티에 근본적으로 모호한 면이 있음을 알게 된다. 그것이 성취하는 것은 "죽음의 공포, 삶에 대한 염원, 끝없는 헌신"(*OL*, 150)과 같은 요소들로 이루어지기 때문이다. 고전주의와 낭만주의에 대한 이후의 구별을 통해 볼 때 고대 시는 자신과의 완전한 동일성이나 자기 현현, 완전한 통합성, 시의 힘과 삶의 즐거움에 대한 조화로운 묘사를 보여 주는 시였다. 현대 시는 염원, 비정체성, 타자성, 반성, 은폐, 우울의 시이다.[19] 비교적 최근 시기의 문학인 프랑스 고전주의에 대해서 스탈 부인은 루이 14세 시대가 문학의 전성기였으며, 완전성의 정점에 도달한 작가는 의심할 여지없이 라신이라는 점을 인정한다.(*OL*, 224) 라신과 페늘롱의 미학성을 능가할 수 있는 것은 없다. 볼테르는 이전 세기의 우아함과 자신의 철학을 결합시켰고, "사람들이 미처 적용 가능성을 생각하지 못했던 진리들로 정신의 매력을 장식"(*OL*, 281)하는 법을 알고 있었다. 그러나 이것은 문학적 모더니티에 대한 무조건의 찬사가 아니라 오히려 고전주의의 순수한 아름다움의 시기가 사라졌음을 인정하는 것이었다. 완전의 가능성 개

---

19) Madame de Staël, *De l' Allemagne: Nouvelle édition par la Comtesse Jean de Pange avec le concours de Simone Balayé*. 2 vols. (Paris: Hachette, 1958–60), vol. 2, 211–15.

넘을 시에 적용시킴으로써 고전주의의 원리를 위반했다는 비난에 대해 스탈 부인은 자신의 주제는 순전히 상상력의 예술에만 해당하는 것이 아니라 반성과 철학을 포함한 문학 예술 전반에 해당하며, 누구도 사고가 멈추는 마지막 지점을 결정할 수 없다고 대답한다.(*OL*, 9-10)

장 스타로빈스키는 유명한 연구서에서 실제의 삶과 관련하여 스탈 부인의 삶과 그녀의 작품, 그녀 자신의 성격과 여주인공의 성격 사이의 비밀스런 연관성들 중 하나를 상당히 모호하고 이중적으로 평가했다. 한편으로 내적 풍부함에서 흘러나오는 확장되고 미래 지향적인 운동을 통해 확산하고 소통하고자 하는 넘치는 욕망을 보여 주지만, 또 한편으로 포기와 우울로 이끄는 상호적인 "불완전의 감정"이 있다는 것이다.[20] 물론 고전주의와 모더니즘에 대한 스탈 부인의 개념을 해석하는 데 매력적으로 보이는 접근 방식인 만큼 "자살 윤리"와 "활기찬 죽음"이라는 관점에서 그녀의 글을 분석한 스타로빈스키를 따르자는 것은 아니다. 그러나 이를 근거로 우리는 이중적 반응, 이중적 평가가 스탈 부인의 허구적 글뿐 아니라 문학에서 완전의 가능성과 모더니티에 대한 믿음에 초점을 맞추고 있는 그녀의 글쓰기 이론에도 적용될 수 있는 특징이라고 말할 수 있을 것이다.

4

영국 초기 낭만주의의 대표자들인 호반파 시인들은 프랑스 혁명에 열광적으로 반응했다. 워즈워스는 《서시》의 6권에서 1790년 여름 친

---

20) Jean Starobinski, "Suicide et mélancolie chez Mme de Staël," in *Madame de Staël et l'Europe*: *Colloque de Coppet* (Paris: Klincksieck, 1970), 242-52.

구인 로버트 존스와의 프랑스 여행을 묘사하는 부분에서 첫번째 혁명 기념일을 "한 사람의 환희가 수천만의 환희"(6:346)[21]인 시절을 경험하는 것으로 보고 있다. 그와 친구는 보편적 우애를 경험하는데, 이는 워즈워스의 말대로 "우리가 프랑스에서 존경받는 이름, 영국인이라는 이름"(6:408)을 가졌기 때문이었다. 많은 사람들이 프랑스가 1688년 영국의 "명예 혁명"을 따라가고 있으며, 입헌군주제를 향하고 있다고 느꼈다. "시대 정신"을 파악했다고 주장하는 책들과 글이 등장했고, 한결같이 당시의 문학상의 혁신이 프랑스 혁명에 자극받아 이루어졌다는 결론을 내렸다. 이는 특히 18세기에서 19세기로 넘어가기 몇 년 전에 두드러지게 나타난 현상이다. 윌리엄 해즐릿에 따르면 호반파 시 전체가 "프랑스 혁명 또는 그 혁명의 원인이 된 감성과 관점에 기원을 두고 있다"고 한다. 그는 워즈워스의 《서정 민요집》이 "우리 시대의 혁명 운동"을 직접 반영하고 있다고 보고 있으며, 작가와 관련해서 "당시의 정치적 변화를 모델로 해서 시적 실험을 구상하고 실천했다"[22]고 말한다.

이러한 생각은 원래 고드윈의 《정치적 정의 연구》에서 공표된 것과 같이 무한한 완전의 가능성 개념에서 촉발된 것이다. 그러나 영국 낭만주의의 혁명 정신은 종교적 시점과도 밀접하게 연결되어 있다. 영국 낭만주의자들 중 몇몇은 유니테리언파이었거나 비국교도였으며, 19세기 이전까지 워즈워스와 콜리지는 성직을 준비하고 있었다. 세상의 혁신과 인류의 재생은 기독교 또는 성서적인 성향을 띠고 있었으며, 흔

---

21) William Wordsworth, *The Prelude*, ed. Stephen Parrish (Ithaca: Cornell University Press, 1977). 이 시에 대한 언급은 이 책에 의거함.

22) William Hazlitt, "The Spirit of the Age," in *William Hazlitt: The Collected Works*, ed. A. R. Waller and Arnold Glover (London: Dent, 1902), vol. 4, 271.

히 1791년 블레이크의 《프랑스 혁명》과 밀턴의 예언자적 태도를 연상시키는 비전적이고 묵시적이며 신화적인 이미지들로 표현되었다. 이러한 사실은 "오를레앙 처녀의 비전"[23]을 통해 "자유의 진보"를 묘사하는 콜리지의 비전적 시 《국가의 운명》(1796)에도 분명히 나타나 있다. 워즈워스는 1793년의 《스케치 묘사》를 묵시론적 불길에서 나타난 새로운 세상, 그리고 황금시대로의 회귀에 대한 예언으로 끝맺는다.[24] 해즐릿에 따르면 공포 정치의 시작과 함께 영국의 대체적 분위기가 갑자기 돌변하자 고드윈은 "지평선 너머로 사라졌고" 그와 함께 그의 책에 대한 평판도 사라졌다고 한다.[25] 콜리지는 초기의 혁명적 열정을 누그러뜨리려 하였고, 이후 그런 태도와 완전히 결별했다. 워즈워스는 세계사적인 시각을 통해 공포 정치 문제를 정당화시키려 했으며, 《란대프 주교에게 보내는 편지》에서 초기에는 혁명을 지지했지만, 루이 16세 처형 후 지지 입장을 철회했던 주교 리차드 윗슨 박사를 혁명 논리로 반박했다. "도대체 한번의 혁명이 진정한 자유의 계절을 가져올 수는 없다는 것을 모를 정도로 인간 본성에 대한 이해가 부족하단 말입니까? 인간은 워낙 완고하고 비꼬인 존재라서 때로 자유가 폭정의 손을 빌려야 하는 경우, 평화로운 통치를 위하여 폭력을 사용해야 하는 경우도 있습니다."[26] 이후 《서시》에서 구체화시켰듯이, 워즈워스는 공포 정치를 혁명의 문전에서 비난하지는 않았다. 그

---

23) *The Complete Poetical Works of Samuel Taylor Coleridge*, ed. E. H. Coleridge (Oxford: Clarendon, 1912), vol. 1, 131.

24) *William Wordsworth, Poetical Works*, ed. F. Selincourt and H. Darbishire, 5 vols. (Oxford: Oxford University Press, 1940-49), vol. 1, 42-91.

25) Hazlitt, *The Colleccted Works*, vol. 4, 201.

26) *The Selected Prose and Poetry of Worsworth*, ed. Geoffrey H. Hartman (New York: Meridian, 1980), 43-44.

것은 단지 죄와 무지의 문제였을 뿐이었다.

> 죄와 무지의 웅덩이
> 시대마다 점차 가득 차
> 더 이상 역한 것들을 담을 수 없어
> 세상에 홍수 되어 터지고 넘쳐흐른다.
> (10:437-40)

그렇지만 초기 낭만주의 영시가 프랑스 혁명에서 야기된 감성과 사상에 기원을 두고 있다는 해즐릿의 언급은 공포 정치의 충격과 잇따른 실망스런 노선으로 인해 혁명에 대한 열기가 사라진 이후에는 사실로 남아 있다. **M. H.** 에이브람스가 주장했듯이 위대한 낭만주의 시들은 "혁명의 흥분된 분위기에서가 아니라 혁명 이후의 환멸과 절망"[27] 속에서 씌어졌다. 따라서 영국 낭만주의에서 혁명의 주제는 서정적 표현, 궁극적으로 시적인 특성을 상정하고 있다. 인간과 자연의 전반적인 개선에 대한 묵시론적 기대가 깨어진 후 시인들은 잃어버린 혁명의 보물을 우주적 재생의 희망으로 바꾸어 계속 보존하고자 하였다. 1794년 프랑스 혁명으로부터 멀어진 후 씌어진 워즈워스의 《서정 민요집》 및 몇몇 시들에서 볼 수 있듯이, 또 다른 시인들은 인류사의 묵시론적 변화에 대한 추상적인 기대에서 개인의 일상적인 삶의 희망이라는 현실로 눈을 돌렸다. 이러한 서정적 분위기는 프랑스 혁명에 대

---

27) M. H. Abrams, "English Romanticism: The Spirit of the Age," in *Romanticism and Consciousness: Essays in Criticism*, ed. Harold Bloom (New York: Norton, 1970), 91-119.

한 찬양에서 발을 뺐지만 인간성의 보편적 구원의 희망을 유지한다는 의미에서 완전의 가능성과 유럽 낭만주의의 문학상의 모더니티에 대한 이중적인 긍정에 해당하는 듯하다. 성취 가능한 궁극적인 목표에 대한 회의와 그 목표 추구에 대한 신념이 동시에 나타나 있기 때문이다. 이후의 혁명에 대한 회의론에도 불구하고 프랑스 혁명의 주제를 유지하려는 워즈워스의 또 다른 방법은 혁명에 대한 초기의 참여뿐 아니라 이후의 변화된 관점을 자신의 자서전에 통합시키는 것이었다. 여기에서도 다시 자신의 삶을 문제화시킨 특정 기간에 대하여 미묘하고 이중적인 태도가 나타나지만 그것은 자서전의 틀 안에서 유지되고 있다. 워즈워스는 《서시》를 쓸 당시 혁명에 대한 자신의 입장에 대해, 그의 표현을 빌리자면 "고통스러운 것"이었다고 평가한다. 하지만 그는 당시의 경험을 중요한 것으로 생각했으며, "시인 정신의 성장"이라는 자서전적 구조에 통합함으로써 자신의 삶이라는 문맥에서 그것을 긍정하고 있다.

5

초기 낭만주의 작가들이 초래한 새로운 시적·비평적 담론의 스타일을 정의하고자 한다면 우선 한 가지 원리(이성, 창조적 상상력, 구조, 진보, 완전의 가능성 등등)만의 지배를 포기하고, 몇 가지 성향들(긍정과 회의, 열광과 우울)의 상반적 운동을 그러한 담론의 특징으로 강조해야 한다. 대신 낭만적 태도에 나타난 모더니티와 관련해서 우리는 그 모더니티가 단도직입적인 모더니즘, 자신의 위치에 대한 자아 비판적 평가와 그것이 의미하는 부족함에 대한 이해가 결여된 모더니즘에 대한 비판을 암시한다는 사실을 덧붙여야 할 것이다.

프리드리히 슐레겔은 독일 낭만주의에서 그러한 자아 반영적 모더니즘을 대표하는 인물일 것이다. 1798년에 씌어진 거의 한 페이지도 안 되는 짧은 글에서 그는 자신이 생각하는 모던한 것의 개념, 즉 낭만주의 시의 특성을 다음과 같이 밝힌다. 그리고 그는 스탈 부인과 마찬가지로 낭만주의 시가 "철학과 수사학에 관련되며" "시는 살아 있는 것, 사회적인 것이 되고, 삶과 사회는 시적인 것"(*FS*, 2:182-83; *LF*, 175)[28]이 되어 삶과의 상호 작용을 이루어야 한다고 주장한다. 게다가 슐레겔에게 시와 철학의 결합은 창조적 과정, 작품 전체에 생명력을 불어넣는 일, 작가의 예술 창조와 그의 비판적 · 이론적 담론을 혼합하는 데 필요한 "시적 반영"의 의미를 가진다. 이러한 반영은 물론 무한한 것으로써 더 높은 차원의 힘으로 표현될 수 있고, "끝없는 일련의 거울들에서"(*FS*, 2:182-83; *LF*, 175)처럼 증식된다. 분명 고전적 시, 즉 고전주의자들의 시를 지칭하면서 이전 형태의 시는 "끝났으며 완전히 분석될 수 있다"고 슐레겔은 주장한다. 반면에 현대 시는 영원한 생성의 상태에 있으며, 이러한 점이 현대 시의 "진짜 본질이다. 영원히 생성되며, 결코 완결되지 않는다." 그는 현대 시 또는 낭만주의 시는 "이론에 의해 고갈되지 않으며, 단지 예언적 비평만이 그 이상을 특징지으려 시도할 것이다"(*FS*, 2:182-83; *LF*, 175)라고 덧붙인다.

시작이나 끝과 관련해서 이해 가능한 원리로 환원될 수 없는 무한한 생성은 슐레겔의 역사 개념을 가장 간략하게 표현해 주는 듯하다.

---

28) Friedrich Schlegel, *Kritische Ausgabe senier Werke*, ed. Ernst Behler, Jean-Jacques Anstett, Hans Eichner 외, 35 vols. (Paderborn-München: Schöningh, 1958-). 앞으로 이 텍스트는 *FS*로 표기함. 번역은 Friedrich Schlegel, *Lucinde and the Fragments*, trans. Peter Firchow (Minneapolis: University of Minnesota Press, 1971)을 이용했으며 앞으로 *LF*로 표기함.

또한 고전주의의 완전성으로부터의 분리와 함께 성취라는 유토피아적 목표로부터도 동일하게 거리를 유지하고 있음을 충분히 인식하고 있는 그러한 모더니티의 성취 상태를 가장 잘 보여 주는 것 같다. 슐레겔은 자아 반영적 모더니즘 개념을 다양한 방식으로 설명하고 있는데 "아직" 또는 "……라는 조건하에서"는 그가 자주 사용하는 표현들이다. 따라서 그는 우리가 아직 완결된 지식 체계를 성취하지 못했다는 의미로 "……못했다는 조건하에서" 자신의 짧은 글을 정당화하며 "구어나 문어체 대화를 통해서는 우리가 아직 체계적 방식으로 철학화하지 못한다는 조건하에서"(*FS*, 2:152) 아이러니를 요구한다. 유사한 논리에서 철학은 "천재적 영감"과 "위트의 산물"을 요구하는데, 이는 철학이 아직 완전히 체계화되지 않았기 때문이다. 슐레겔은 우리가 안전한 방법론으로 옮아가기만 하면 상황이 변할 것이라고 주장한다. (*FS*, 2:200; *LF*, 192) 그러나 우리가 이 지점에서 깨닫게 되듯이 "……라는 조건하에서"와 "아직"이라는 말은 성취된 지식이나 순간적인 결핍에 의해 극복되어야 할 일시적인 것이 아니라 지식의 실제적 상태, 지식의 영원한 형식을 지칭하는 것이다. 슐레겔은 말한다. "우리는 철학자가 될 수 있을 뿐 철학자일 수는 없다. 자신이 철학자라고 믿는 순간 그는 철학자가 되는 것을 멈춘다."(*FS*, 2:173; *LF*, 167)

슐레겔의 위상을 단순히 성취 가능한 목표에 대한 회의론자로 규정지을 수는 없다. 제한된 지식 구조의 가치를 주장할 뿐 아니라 성취 불가능한 목표라 하더라도 체계적인 통일성과 일관성을 필수적인 것으로 보았기 때문이다. 어느 짧은 글에서 그는 "체계를 가지는 것이나 안 가지는 것 모두 마찬가지로 위험하다. 우리는 그 두 가지의 결합을 선택해야만 할 것이다"(*FS*, 2:173; *LF*, 167)라고 말했다. 체계를 소유하며 동시에 소유하지 않아야 하는 이중의 의무는 앞서의 끝이 없으면서 이론적으로도 고갈되지 않는 낭만주의시의 성향을 인용한 짧은 글과 완전히 일치한다. 한편으로 어떤 이론이나 체계도 시의 예측 불가능한 전개를 파악할 수 없을 것이나, 다른 한편으로는 예언적 비평이 언제나 그 시의 이상을 규정하려 할 것이다.

고대인과 현대인의 논쟁이라는 관점에서 볼 때, 이러한 모더니티의 위상은 어떠한 고전적 기준도 더 이상 현대 시의 미래 지향적 방향을 결정하지 못한다는 점에서 분명 고대인에 대한 현대인의 승리를 지칭하는 것이다. 그러나 이러한 독립성을 얻기 위해서 각각 순수한 미와 완전성은 과거 고전주의 시대의 조화로 분류되고, 소외·불완전·결핍은 모더니티의 속성으로 돌리는 대가를 치러야 한다. 이렇게 볼 때 모더니즘은 자족성과 정체성이라는 고전주의적 구조를 잃어버린 후기고전주의 시대의 모습으로 나타난다. 그러나 현대 시대는 잃어버린 조화에 대한 염원과 과거 시대의 통일성에 대한 애도로 나타난다. 그리고 상실과 결핍을 슬퍼하는 애도라는 의미에서 우리는 아직도 현대인을 지배하고 있는 고대인의 흔적, 좀더 이론적인 용어로서 완전한 현대적 의식 또는 모더니티 의식 표현의 지연을 말할 수 있다.

이러한 생각은 분명 낭만주의 시대에 모더니티에 대한 감성의 동기를 제공했으며, 괴테 시대에 독일에서 발전한 휴머니즘의 전형적 유형이기도 하다. 충족되지 못한 동경 속에서 현대 시대는 그리스 고전주의에 이상적인 완전성의 이미지를 투사했다. 그리고 당시의 휴머니즘은 르네상스의 휴머니즘과 마찬가지로 고대의 고전성을 원천으로 해서 인간적인 문화의 부활을 시도했다. 그러나 르네상스와 유럽 고전주의의 휴머니즘과 달리 괴테 시대의 휴머니즘은 다소간 로마의 고전성에서 벗어나 직접 그리스와 연관되어 있었다. 그리스 문화——시·문학·예술·수사학·철학, 정치적 삶 등——가 자아 인식의 매개체가 되었으며, 그것은 모더니스트적 자세를 통해 쉽게 흔들 수 있는 것이 아니었다. 고전주의 시대와 관련하여 좀더 복잡한 해답은 프리드리히 슐레겔과 그의 형이 주장했던 바와 같이 고전주의와 낭만주의(모더니즘) 사이의 상호 작용, 변증적 상호 관계에 대한 요구에서 찾아져야만 했다.

이렇게 볼 때 고전주의와 모더니즘은 밀접한 상호 관계, 앞서 고대인과 현대인의 논쟁을 다루면서는 볼 수 없었던 변증적 관계로 들어선다. 역설적인 표현으로 가장 진보된 유형의 모더니티는 그리스 고전주의와 가장 역동적인 상호 작용을 이루는 경우라고 말할 수 있을 것이다. 진정한 모더니티는 진정한 고전주의로부터 분리되지 않고, 오히려 고대 세계와 분명한 관계를 유지한다. 따라서 고전주의로부터의 단순한 분리, 단순한 진보만을 주장하는 모더니티는 잘못된 모더니티라고 할 수 있을 것이다. 진정한 모더니티는 고전주의와 동등한 관계를 유지하며 그 세계와 역동적인 경쟁을 벌인다. 아무리 완벽해 보인다 하더라도 지나간 역사적 시간을 되돌림으로써 고전주의 시대를 복원할 수는 없다. 그 대신 시기 적절한 노력이 있어야 한다. 현대인들이 추구해야 할 것은 고전적 신화의 복원이 아니라 당대의 현대적인 "새로운 신화"를 창조하는 것이며, 호메로스풍 서사시의 회복이 아니라 주관적인 초월적 시의 표현으로서의 현대 소설을 창조하는 것이다.

모더니즘과 고전주의의 상호 작용에서 고대인의 세계는 계속 현대인을 지배하고 있으며, 미래를 향해 전적으로 열려 있는("무한한 생성") 슐레겔의 모더니즘 개념은 고전주의의 절대성이라는 가정에 의해 규정된 것으로 보인다. 실제로 그는 그리스 세계를 넘어설 수 없는 탁월한 본보기라고 생각한 듯하다. 또 다른 문맥에서 그는 그리스시가 "미와 예술의 일반 역사"(*FS*, 23:188, 204)이며, 거기에는 모든 시대에 적용되는 "입법적이고 타당한 시각"(*FS*, 1:318)이 내포되어 있고 "가장 강력하고 순수하며, 두드러지고 단순하며, 또 완전한 일반적 인간 본성의 재생산"(*FS*, 1:276)을 특징으로 한다고 주장한다. 시의 이론과 관련해서 그는 그리스 시가 "취미와 예술에 대한 독창적인 개념들에도 불구하고 마치 자연의 구성적 본성이 지식을 찾는 이성의 욕망을 들어 주기 위한 것인 양 이론적 체계에 놀라우리만큼 유용하고 완전한 사례들의 수집품"(*FS*, 1:307)을 제공해 준다고 생각했다. 그는 이 세계의 구성물들이 "만들어지거나 생성된 것이 아니라 영원히 존재하거나 스스로 기원한 것처럼 보인다"고 말하면서, 이는 그것들이 "작품, 예술, 욕망에 대한 최소한의 회상"도 환기하지 않기 때문이라고 한다.(*FS*, 1:298)

따라서 슐레겔은 각각의 그리스 시 작품들을 언급하면서 "순수한 미" "진실된 완전함," 단지 그 자체를 위해서만 존재하는 "독자적인 존엄성" 등의 최상급 표현을 사용한다.(*FS*, 1:298) 그는 이들 작품의 특징을 좀더 이론적인 표현으로 "완전함"(*FS*, 1:298), 그 자체의 완전한 조화라는 의미에서 자체의 구조적 동일성으로 묘사한다.(*FS*, 1:296) 슐레겔은 그리스 시가 이 **"자연적 형태의 마지막 한계" "자유로운 미의 최고점"**에 다다랐다고 확신했다. **"황금 시대**는 바로 이 상태를 지칭하는 말이다"라고 하면서 그는 다음과 같이 덧붙인다. "비록 황금 시대의 그리스 예술 작품이 부여해 준 이 즐거움에 한 가지 추가 사항이 허용된다 하더라도 그것은 **완전하고 자족적인 것**으로, 결코 방해 요소나 결핍이 아니다. 나로서는 이 경지에 대해 **'최고의 미'**라는 말보다 더 적절한 표현을 찾을 수가 없다."(*FS*, 1:287) 그는 **"예술과 취미의 원형"**(*FS*, 1:288)이라는 말로 절대적이고 완전한 본보기로서의 고전주의의 이미지를 마무리짓는다.

절대적 미에 대한 슐레겔의 규정에서 유일하게 마음에 걸리는 부분은 "비록…… 한 가지 추가 사항이 허용된다 하더라도"라는 구절이다. 바로 이 구절과 함께 슐레겔이 구성한 고전주의의 절대성은 분명한 모더니티의 방향을 취한다. 그 말의 의미를 따라가다 보면 그리스 미의 특징, 나아가 사실상 모든 미에 다 해당되는 특징을 접하게 된다. 그것은 마지막 분석에서 고전주의나 황금 시대의 개념을 불가능한 것으로 만들거나, 경계선 위의 개념 또는 아이러니한 은유로 환원시킨다. 바로 이 상황에서 슐레겔이 생각하고 있는 "추가 사항"은 다음과 같은 의미로 이해될 수 있다. 즉 그것은 "더 이상의 아름다움을 상정할 수 없는 지고의 미가 아니라 현실에서 완전히 가시적인 형태로 구체화되는 것으로서, 달성 불가능한 아이디어를 성취하는 패러다임"(*FS*, 1:287-88)인 것이다. 그는 계속해서 "예술은 무한히 완전성을 추구하는 것이므로 지속적인 발전 속에서 절대적인 최대치는 불가능하다. 그러나 분명 우연적이고 상대적인 최대치는 존재한다"(*FS*, 1:287-88)고 말한다. 다시 말해서 예술은 "구체적인 예술 작품을 통해 궁극적인 예술의 목표를 최대한 가시적으로 증명하는"(*FS*, 1:293) 예가 될 수 있을 뿐이다. 이러한 예들 중에서 황금 시대 그리스 시는 분명 가장 높은 위치를 차지한다. 그리스 시는 **"자연적 형태의 예술의 최고점"**이며, 따라서 모든 시대에 걸쳐 **"예술 발전의 숭고한 원형"**이다.(*FS*, 1:293) 그러나 이러한 사실도 결국 그리스 시가 성취한 것이 궁극적인 목표가 아니며, 특정한 시점이나 역사에서 발생하는 것도 아닌 단지 고전주의적 구성의 최고점, 즉 "상대적 최대치"(*FS*, 1:634)일 뿐이라는 사실을 바꾸지는 못한다.

완전한 동일성과 조화롭게 조직된 구조의 예술 작품이라는 고전주의 미학은 결과적으로 비동일성·은폐·타자성·차이를 드러내는 형태의 예술 창조로 대체된다. 문학 분야에서 이러한 변화는 시의 매개체인 언어에서 유래한다. 또한 그것은 다른 어떤 예술보다도 그 산물을 "완전 가능"하며 또한 "퇴락 가능"하게 하는, 시를 구성하는 핵심 "기관"인 상상력에서도 비롯된다.(FS, 1:265, 294) 이와 같은 시의 연약함과 불완전한 성격은 "진보와 합리적으로 사고하는 이성의 법칙을 삭제하고 인간을 상상력이라는 아름다운 혼란, 인간 본성의 근원적 혼돈으로 되돌아가게 하는"(FS, 2:319) 성향에서 명백히 드러난다. 슐레겔에게 삶의 풍요로움이 담고 있는 그 모든 혼란, 신비, 특이한 현상들을 모두 포용할 수 있는 것은 이성이 아니라 상상력이었다. 그러나 상상력은 이러한 상상력에 가득 찬 삶을 완전하게 표현해 주지는 못한다. 완전한 의사 소통을 위한 시도는 난관에 부딪히고 계속해서 "자기 창조"와 "자기 파괴"가 대체되는(FS, 2:172) 간접적이고 아이러니한 의사 소통으로 변한다.(FS, 2:334) 바람직한 시는 창조 과정에서 예술가의 "예술적 반영과 아름다운 자기 반사"를 통합하는 "시에 대한 시"가 된다. 따라서 그 시는 항상, 그리고 동시에 "시와 시에 대한 시"이다.(FS, 2:204)

6

프리드리히 슐레겔은 최초로 역사를 매개로 해서 시의 반영적인, 그리고 자아 반영적인 특징을 언명했다. 영원한 생성으로서의 시에 최종적 목표도 없고, 우리가 도착해서 아름다운 언어만을 말하게 될 유토피아 국가도 없듯이 황금 시대의 순수함과 순진함에서 출발하는 완전한 시도 있을 수 없다. 누군가 그리스 고전 시대를 계속 완전함의 모델로 상정하고 싶어할지 몰라도 그것은 유럽 시의 출발점에서부터 이제는 도달할 수 없는 역사의 종말로 이동했으며, "예언적 비평"조차 "그리스 고전주의의 이상을 규정하는 것"은 불가능할 것이다.(*IS*, 2:183; *LF*, 175) 슐레겔이 미래에 대한 절대적인 기대를 "아직 아닌"이나 "……라는 조건하에서"와 같은 말로 가라앉혔듯이, 우리는 과거에 대해 "언제나 이미"라는 말로 같은 효과를 노릴 수 있을 것이다. 그러나 이러한 역사관으로부터 나태한 무관심을 추론해 내지 않도록 주의해야 한다. 슐레겔이 이러한 종류의 역사 비평을 "천박한 가정" "범인(凡人)들의 공리"로 분류하며 강하게 반대하고 있기 때문이다. 그는 이러한 태도에 대해 다음과 같이 말하고 있다. "천박한 가정: 모든 위대한 것, 선한 것, 아름다운 것은 불가능하다. 평범하지 않기 때문이며, 그렇지 않다 하더라도 최소한 의심스러운 것이기 때문이다. 범인들의 공리: 우리와 우리를 둘러싼 현재의 상황이 그렇듯이 상황은 언제 어디서나 예전부터 그러했다. 결국 그것이 가장 자연스러운 것이기 때문이다."(*FS*, 2:149, *LF*, 145)

　슐레겔은 그 결과 오르페우스를 그리스 시의 출발점으로 보는 그리스 신화를 거부했다. 그러한 이미지는 시가 모든 광휘와 통일성을 갖춘 채 하늘로부터 유래했으며, 파편화되고 자체로부터의 차이가 발생한 것은 그 이후임을 암시하는 듯하기 때문이다.(*FS*, 1:406–10) 슐레겔에게 호메로스풍의 시는 고대의 어두운 밤에서 등장한 "가장 오래된 문서"였으며, 그 시의 기원을 탐구하는 일은 더 이전의 출발점들을 향한 퇴행적 무대 전환 속에서 길을 잃게 할 뿐이었다.(*FS*, 1:397) 그는 또한 구조적 용어로 시의 자기 초월적 특성을 표현했으며, 시인과 작품의 밀접한 관계를 이유로 낭만주의 시를 "생산물과 생산자를 함께" 묘사하는 "초월적 시"로 규정지었다.(*FS*, 2:204; *LF*, 195) 완전한 의사 소통이 불가능하므로 시는 간접적 의사 소통, 공간화와 시간화를 통해 다르게 말하는 것으로 변한다. 그러므로 상상력은 아이러니와 아이러니한 구성에서 그 필요한 대응물을 찾는다.(*FS*, 2:334)

아우구스트 빌헬름 슐레겔은 시의 이러한 구조적 측면에 관심을 집중했으며, 그것을 당대의 어느 비평가보다도 더 직접적으로 언어와 시어의 본질에 연관시켰다. 그는 시 창작에 대한 무지로 인해 시적 효과를 어떤 초자연적 간섭, "나도 무엇인지는 모르지만" 식의 태도로 설명하고 자신들의 철학적 구성에 따라 천재와 취미 또는 상상력과 이성 사이에 분명한 구분을 지었던 칸트와 같은 예술철학자들을 질책했다. 슐레겔은 이성 · 반영 · 비판 · 자아 비판을 포함시켜 천재나 상상력의 개념들을 확장시키고자 했으며, 따라서 "외부의 힘"이 선행되는 것으로 볼 것을 제안했다.(*AWS*, 1:14-33)[29] 그는 다음과 같이 말했다. "나로서는 이름 붙일 수 없는 이것이 단지 언어가 내적 직관을 완전하게 충족시키기에 부족한 것이라는 인식의 증거가 아닐까 두렵다. 왜냐하면 언어는 이성이 최대한 소유하고, 사유하고자 하는 도구인 기호로 이루어져 있으나 그 기호는 임의적인 것이기 때문이다. 이러한 사실은 시의 언어를 이성의 도구로만 취급해서는 안 된다는 것을 의미한다."(*AWS*, 1:16) 또 시의 원초적인 상태가 있고, 우리의 시가 그로부터 퇴락한 것이 아니라 우리의 다른 모든 활동들과 마찬가지로 시도 전적으로 이 퇴락의 측면에서 발생하는 것이다.(*AWS*, 1:254) 자연과 비교하여 예술이 자연으로부터 유래한다는 점을 강조하기 위해 18세기 후반에 등장한 "자연적인 아름다움"과 "예술적 아름다움"의

---

29) August Wilhelm Schlegel, *Kritische Ausgabe seiner Vorlesungen*, ed. Ernst Behler와 Frank Jolles, 6 vols. (Paderborn-München: Schöningh, 1989-). 앞으로 이 텍스트는 *AWS*로 표기함.

차이에 대한 논의를 언급하면서 슐레겔은 자신의 낭만주의 이론을 위하여 예술적 아름다움이 "먼저 태어난" 언니격이며, 예술적 충동이 활성화된 후에나 자연에 대한 언급이 가능할 것이라고 주장한다.(*AWS*, 1:256-57)

시에 대한 이러한 개념들 중에서 특히 현대적인 측면은 아마도 니체를 통해 가장 잘 드러난다고 할 수 있을 것이다. 사실 니체는 슐레겔 형제들, 특히 에우리피데스에 대한 그들의 논의에서 직접 그러한 개념의 일부를 받아들였다. 그러한 주제들과 가장 직접적으로 연관된 문제는 모더니즘의 시작에 대한 문제였다.[30] 아우구스트 빌헬름 슐레겔은 아이스킬로스와 소포클레스로부터 에우리피데스를 분리시키는 그 광대한 거리를 현대에 들어 최초로 인식했다는 점이 고전 분야에서 자신의 동생이 이룩한 가장 뛰어난 비판적 업적의 하나라고 여겼다. 따라서 프리드리히 슐레겔은 그리스인들이 시인에 대해 취했던 태도를 되살려 놓은 것이다.(*AWS*, 1:747-48) 그의 에우리피데스 분석은 호메로스에서 핀다로스와 소포클레스로 이어지는 서사시 · 서정시 · 극시로의 변천, 그리고 드라마에서 거친 장대함(아이스킬로스)에서 고상한 아름다움(소포클레스)과 화려한 부패(에우리피데스)로의 변화 등 그리스 문학의 발생적 관점에 근거해 있다. 빌헬름 슐레겔의 글을 통해 그리스 문학의 이러한 이미지는 19세기 전반에 걸쳐 지배적인 것이 되었으며, 1872년 니체의 《비극의 탄생》에서 가장 급진적으로 표현된다. 이러한 사실을 배경으로 에우리피데스를 두 가지 측면

---

30) Ernst Behler, "A. W. Schlegel and the Nineteenth-Century *Damnatio* of Euripides," in *The Nineteenth-Century Rediscovery of Euripides*, ed. William M. Calder. *Greek-Roman and Byzantine Studies* 27 (1986): 335-67.

에서 살펴볼 수 있다. 완고한 고전주의의 입장에서 볼 때 그는 서막 등의 혁신, 운명 개념의 폐기, 액션과 코러스의 분리, 신화의 자유로운 취급, 강약 4보격 시행의 과용 등을 통해 과거 드라마의 아름다운 조화를 깨뜨리고 "전체에 대한 개별 부분의 반란"(*AWS*, 1:749)을 초래한 고전비극의 훼손자이다. 하이네는 A. W. 슐레겔의 비평을 "옛 시인의 월계수 가지로 항상 젊은 시인의 등을 후려갈기는"[31] 버릇이 있는 현학적인 고전주의자의 비평이라고 평했다. 에우리피데스에 대한 또 다른 입장은 다음과 같은 것이다. "그의 아이디어 · 천재성 · 예술, 그외의 모든 것이 다 풍족하다. 단지 조화와 합법성만이 부족할 뿐이다. 정력적으로 그리고 손쉽게 그는 우리를 감동시키고 안타깝게 하며, 폐부를 찔러 영혼의 정수에 이르게 하고, 가장 풍요로운 다양성을 통해 우리를 흥분시키는 방법을 알고 있다. 상승과 하강, 특히 격렬한 폭발 등 정열의 묘사에서 그는 타의 추종을 불허한다."(*FS*, 1:61) 이것이 프리드리히 슐레겔이 본 에우리피데스의 이미지이고, 여기에서 모더니티는 자신의 얼굴을 들여다본다.

니체는 어느 정도 완고한 고전주의의 현학적 관점을 공유하고 있다. 그의 《비극의 탄생》에서 에우리피데스는 슐레겔 형제의 글에서 볼 수 있었던 "화려한" 매력을 거의 다 잃어버리고 고전적 미의 정점으로부터 퇴락하는 것으로만 나타난다. 이 퇴락을 더욱 두드러지게 하기 위해서 니체는 비극시의 정점을 슐레겔 형제의 모델이었던 소포클레스에서 아이스킬로스로 바꾸었다. 에우리피데스의 예에서 볼 수 있듯이 니체의 미학적 모더니즘 비판은 훨씬 더 가혹해졌다. 고전비극

---

31) Heinrich Heine, *Sämtliche Werke*, ed. Klaus Bridgleb (München: Hanser, 1971), vol. 3, 415.

의 아름다움이 파괴된 것은 이성·의식·반영·비평·철학의 유입 때문이었다. 에우리피데스는 "미학 의식"(*FN*, 1:539)[32]을 가진 최초의 극작가였으며, 그의 주변에는 "현대 예술가 특유의 희미하게 부서진 빛이 감돈다." 거의 비그리스적인 그의 미학적 특성은 소크라테스주의라는 개념으로 가장 잘 요약된다. "아름답기 위해서 모든 것은 의식적이어야 한다"는 에우리피데스의 원리가 "선하기 위해서 모든 것은 의식적이어야 한다"는 소크라테스의 말과 유사하기 때문이다. 니체는 "에우리피데스는 소크라테스식 합리주의의 시인이다"(*FN*, 1:540)라고 말하였는데, 아마도 이것이 문학적 모더니즘을 묘사하는 가장 간결한 표현일 것이다.

그러나 이러한 "미학적 소크라테스주의" 또는 미학적 모더니즘의 기원 문제와 관련해서 니체는 슐레겔 형제와 놀라우리만큼 유사한 대답을 들려 준다. "미학적 의식"의 원리는 무엇보다도 소크라테스나 에우리피데스가 발명한 것이 아니라 아테네의 대중과 고전비극 사이의 "역사적 간극"에서 유래한 것이다.(*FN*, 1:537) 의식적이고 자아 반영적인 활동으로서의 소크라테스주의는 "소크라테스보다 오래된 것"일 뿐 아니라 예술 그 자체에서 내재적으로 전개되는 것이므로 철학과 같은 외부적인 힘으로부터 이식될 필요가 없다. 그것은 최초의 비극에서는 찾아볼 수 없는 변증법·대화·언어와 함께 발생한다. 대화와 변증법은 필연적으로 논증·경쟁·반론으로 이어지며 진행의 역동성을 제공하는데, 이는 에우리피데스가 보여 주는 "체스 같은" 드라

---

32) Friedrich Nietzsche, *Kritische Studienausgabe*, ed. Giorgio Colli and Mazzino Montinari, 15 vols. (Berlin: de Gruyter, 1980). 앞으로 이 텍스트는 *FN*으로 표기함. 번역본은 Friedrich Nietzsche, *The Birth of Tragedy and the Case of Wagner*, trans. Walter Kaufmann(New York: Random House, 1967)을 이용했음.

마에서 최고조에 이른다.(*FN*, 1:546) 그러므로 "퇴락"의 징후는 에우리피데스 훨씬 이전 소포클레스에게서도 이미 있었으며(*FN*, 1:548) 아마도 드라마 자체의 대화적 형태 또는 코러스와 무용에서도 찾아볼 수 있을 것이다. 고전주의와 모더니즘의 분리에 대한 니체의 방식은 슐레겔 형제의 이론에서도 볼 수 있었던, 언제나 이전의 출발점으로 향하는 퇴행적 방향을 택한다. 정확히 말해서 우리는 사실 역사적인 인물들을 통해 지칭할 수 없고, 역사 용어로도 표현할 수 없는 과정들을 다루고 있는 셈이다. 에우리피데스주의나 소크라테스주의는 후기 소크라테스적이며, 또한 전기 소크라테스적이기도 한 거대한 수레바퀴들의 움직임처럼 보이며 "저녁 햇살에 점점 커져 가는 그림자처럼"(*FN*, 1:97, 635) 후세에 그 영향력을 퍼뜨리고 있다.

3
고대와 현대 세계에서의 아이러니

아이러니는 현대적 의식의 발전으로부터 분리될 수 없다. 어떤 의미에서 아이러니는 인간의 언어만큼이나 오래되고 교범으로 편찬되며 그 자체의 구조에 따라 정의되는 전통적인 주제이지만 동시에 이러한 학문적 주제만큼이나 따분한 주제이기도 하다. 그렇지만 또 다른 측면에서 아이러니는 낭만주의 시대에 강조되었던 시의 자아 반영적 스타일과 사실상 동일하며, 문학상의 모더니티의 결정적인 표식이기도 하다. 낭만주의 특유의 사고 방식을 따라 아이러니는 방향을 바꾸었고, 이전에는 결코 생각지 못했던 분야인 문학 작품에서 모습을 드러냄으로써 문학 자체와 거의 비등한 것이 되었다. 아이러니가 기본적인 비평 용어로서 결정적으로 확장되기 시작한 것은 18세기말경이며, 낭만주의 문학 이론의 형성과 일치한다는 데에는 대부분 사람들이 의견을 같이한다. 그 이전까지 아이러니는 대체로 수사학에 기반을 둔, 수사학의 일부로서 하나의 비유적 표현으로 이해되었다. 우리는 아이러니의 새로운 특징을 최초로 설명하고 있는 1797년 프리드리히 슐레겔의 단편적인 글을 통해 이 전환점을 좀더 구체적으로 밝힐 수 있다.

그 글은 다음과 같은 언급으로 시작한다. "철학은 누군가 논리적 아름다움으로 정의하고 싶어할 아이러니의 진정한 고향이다."(*FS*, 2:152, no.42; *LF*, 148)[1]──이것은 분명 소크라테스의 아이러니를 서양에서 아이러니한 분위기가 최초로 등장한 것으로 보고 있는 대목이다. 이어서 슐레겔은 "가끔씩 사용할 경우, 특히 논쟁에서 대단히 효과적인 수사적 종류의 아이러니"(*FS*, 2:152, no.42; *LF*, 148)가 있다고 말한다. 이 문구는 분명 키케로에서 스위프트와 볼테르에 이르기까지 아이러니의 주된 쓰임이 수사적 장치 또는 비유적 표현이었음을 의미한다. 간접적이고 천박하지 않은 방식으로 상대를 공격한다는 의미에서 논쟁에 매우 유용하기 때문이다. 그러나 철학적 유형의 아이러니나 "소크라테스식 뮤즈의 숭고한 세련성"에 비교해 볼 때 이런 수사적 아이러니는 좀더 거만하고 화려하다. 물론 고상한 소크라테스식 아이러니에 접근하고 필적할 수 있는 한 가지 가능성이 있는데, 그것은 바로 시이다. 그런데 이를 위해서라면 시의 아이러니는 "수사학에서처럼 고립된 한두 가지의 아이러니한 문장들"로 제한되어서는 안 된다. 소크라테스의 대화에서와 같이 전체적으로 아이러니한 어조를 유지해야 하는 것이다. 사실 슐레겔도 바로 이러한 과제를 성취하는 시가 있음을 지적하고 있다. "고대와 현대에서 아이러니의 신성한

---

1) Friedrich Schlegel, *Kritische Ausgabe senier Werke*, ed. Ernst Behler, Jean-Jacques Anstett, Hans Eichner 외, 35 vols. (Paderborn-München: Schöningh, 1958-). 앞으로 이 텍스트는 *FS*로 표기함. 번역본은 Friedrich Schlegel, *Lucinde and the Fragments*, trans. Peter Firchow (Minneapolis: University of Minnesota Press, 1971)를 이용했으며 앞으로 *LF*로 표기함. 아이러니에 대한 슐레겔의 개념과 그 역사적 문맥에 대해서는 Ernst Behler, "The Theory of Irony in German Romanticism" in *Romantic Irony*, ed. Frederick Garber (Budapest: Kiado, 1988), 43-81, 합의의 간-주관적 변증법의 관점에서 이 문제를 해석한 경우로는 Gary Handwerk, *Irony and Ethics in Narrative: From Schlegel to Lacan* (New Haven: Yale University Press, 1985)를 볼 것.

숨결이 고루 스며들어 있고, 진실로 초월적인 익살로 충만한 시들이 있다. 그것은 내부적으로 모든 것을 관찰하며, 모든 한계들, 그 자체의 예술성, 미덕, 천재성마저 무한히 벗어나는 분위기이다. 또한 그것은 외부적으로 적절한 재능을 가진 이탈리아 **어릿광대**를 모방하는 스타일의 구현이다."(*FS*, 2:152, no.42; *LF*, 148)

같은 해에 쓴 또 다른 글에서 슐레겔은 소크라테스의 아이러니한 분위기를 좀더 자세히 언급하고 있으며, 아이러니가 어떻게 시 작품들을 활성화해야 하는지를 지적하고 있다. 이 아이러니는 "무의식적인 것이지만 완전히 고의적인 은폐"(*FS*, 2:160, no.108; *LF*, 155)로써 그 의미를 전달하는 것은 불가능한데, "그러한 재능을 갖추지 못한 자에게는 사실을 밝힌 후에도 수수께끼로 남기" 때문이다. 이러한 아이러니에서 "모든 것은 유희이며 동시에 진지하고, 솔직하게 드러나면서 또한 깊이 숨겨져야 한다." 이 아이러니는 무지와 반성, 자연과 예술 모두에서 생겨나며 "철저히 본능적이고 또 철저히 의식적인 철학의 결합"이다. 그 글의 중간부에 이러한 종류의 아이러니에 대한 가장 간결한 언급이 있다. "그것은 절대적인 것과 상대적인 것, 완전한 의사 소통의 필요성과 그 불가능성 사이의 조화될 수 없는 적대감을 내포하고 있으며, 또 그러한 감정을 일깨운다. 그것은 가장 자유로울 수 있는 허가증이다. 그것을 통해서 우리는 자신을 초월하기 때문이다. 그러나 가장 합법적인 것이기도 하다. 반드시 필요한 것이기 때문이다."(*FS*, 2:160, no.108; *LF*, 156) 이 몇 가지 인용문들은 이미 아이러니에 대한 새로운 개념과 낭만주의의 시작을 보여 주는 문학상의 모더니티 의식 사이의 긴밀한 연관성을 보여 준다.

1

슐레겔이 보카치오·세르반테스·스턴·괴테의 몇몇 작품들에 스며들어 있는 분위기를 아이러니라고 불렀을 때, 그는 서구의 비판적 사고에 근본적인 변화를 야기한 셈이다. 위의 작가들은 슐레겔이 셰익스피어를 포함한 과거의 아이러니 스타일의 모델들은 물론이고, 자신들의 작품을 아이러니로 해석한다는 사실에 놀라워했을 것이다. 슐레겔 이전까지 아이러니는 비유적 표현이라는 고전적 의미를 유지하고 있었다. 오늘날 우리가 슐레겔의 언급에서 별달리 새로운 느낌을 받지 못한다면 그것은 슐레겔의 관점이 이미 확고히 자리를 잡았기 때문이다. 그 이전 18세기까지 아이러니라는 말은 "말하는 내용과 반대되는 의미를 전달하고자 할 때 사용하는 비유적 표현"[2]이라는 단순한 공식으로 요약될 수 있는 언어 또는 의사 소통 형태라는 기존의 엄격하고도 지속적인 의미를 계속 유지하고 있었다. 앞 아이러니의 정의는 1765년 프랑스 《백과전서》에서 인용한 것이다. 이 정의는 대중 연설과 설득의 기술과 관련하여 오래전의 수사학 교범에서부터 발전되어 온 것으로 유럽 문학의 다양한 안내서에서도 쉽게 찾아볼 수 있는 아이러니에 대한 정의의 핵심을 포함하고 있다.

만약 고전적 수사의 도식화된 구조 내에서 아이러니의 위치를 찾고자 한다면 우선 비유, 즉 간접적인 표현들——은유·알레고리·도치법 등——에서 찾을 수 있을 것이다. 다음으로는 표현의 항목, 즉 특

---

2) *Encyclopédie ou dictionnaire raisonné des Sciences, des Arts et des Métiers, par une Société de Gens de Lettres* (Geneva: Pellet, 1777), vol. 19, 86.

수한 언어 구성——질문, 기대, 망설임, 혐의, 돈호법, 예시, 거짓된 후회, 암시 등——에서 찾을 수 있을 것이다. 고전적 유형의 아이러니의 가장 기본적인 특징은 언제나 화자의 의도와 그의 말이 상반된다는 점, 그리고 우리가 그 상반된 내용을 이해한다는 점이다. 우리는 아마도 이 설명에 대해 아이러니에서의 말에 대한 고대인들의 의견을 덧붙여야 할 것이다. 그들은 아이러니에서 말은 어조·강조·제스처 등 전체적인 방향이 실제 또는 의도한 의미를 드러나도록 돕는 방식으로 이루어지며, 이는 아이러니와 거짓말을 구별하기 위한 것이라고 했다. 고전적 수사학자들은 아이러니를 주로 스타일의 특이성이라는 문맥에서 다루었다. 아리스토텔레스는 스타일을 다루는 《수사학》 제3권에서 아이러니를 "자신에 대한 조롱"으로 제시하고 있다. 그에 따르면 "그 형태의 어떤 것은 신사에게 어울리며 어떤 것은 어울리지 않는데, 아이러니는 그에게 익살보다 더 잘 어울린다. 아이러니한 사람의 농담은 자신을 희생하여 이루어지고, 광대의 웃음은 타인을 희생해 이루어진다."[3] 그의 다른 저작들, 특히 《윤리학》에서 우리는 아리스토텔레스가 아이러니를 고상한 자기 비하로 보았음을 알수 있다. "아이러니는 허장성세와 반대되는 것으로 자기 비하를 통해자신의 힘과 능력을 숨기는 것이다. 그것은 자신의 미덕을 과장하는 것보다는 비하하는 것이 더 고상한 것이라는 사실을 보여 준다."[4]

라틴 세계에 아이러니라는 말을 소개하였으며, 또 그것을 은폐("ea dissimulatio, quam Graeci eirōneia vocant")[5]로 보았던 키케로는 《웅변

---

3) Aristotle *Rhet.* 3.18.1419b7. 영역본의 경우 Lane Cooper (New York: Appleton, 1932), 240. 아리스토텔레스에 대한 인용은 *Aristotelis Opera: Edidit Academia Borussica* (reprint, Darmstadt: Wissenschaftliche Buchgesellschaft, 1960)를 사용함.

4) Aristotle *Eth. Nic.* 2.7.1108a19-23, 4.13.1127a20-26.

가에 대해서》에서 아이러니를 비유적 표현과 관련지어 언급하고 있다. 그는 아이러니를 말하는 바와 의미가 서로 다른 경우로 정의했다. 그리고 연설 어조보다는 대화 어조에서 그것을 사용할 경우 청자에게 큰 호소력을 가지며, 또한 매우 유쾌한 효과가 있다고 설명한다.[6] 퀸틸리아누스는 《웅변교수론》의 8권과 9권에서 각각 다루고 있는 비유와 문채 사이에 아이러니를 위치시키면서 그 기본적 특성으로 화자의 의도가 그의 말과 다르다는 점, 우리가 화자의 말과 반대되는 사실을 이해한다는 점[7]을 들었다. 퀸틸리아누스는 아이러니의 이 두 가지 형식적 양태 외에 단순한 수사학의 범위를 초월하는, 슐레겔이 아이러니의 유일한 실례들이라고 불렀음직한 세번째 유형의 아이러니를 이야기하면서 그것을 어느 한 개인의 존재 방식 전체와 관련시킨다. 퀸틸리아누스 타인들의 지혜에 넋을 잃은 어느 무지한 자의 역할을 함으로써 자신의 일생을 아이러니하게 채택한 인물인[8] 소크라테스를 직접 지칭하고 있다.

앞에서 보았듯이 키케로나 다른 수사학자들과 마찬가지로 퀸틸리아누스도 소크라테스를 아이러니의 대가, 즉 **에이론**으로 보고 있다. 원래 **에이로네이아**(eirōneia)와 **에이론**(eirōn)이라는 말은 욕설로까지 확대될 수 있는 천한 의미를 가지고 있었다. 우리는 아리스토파네스의 희극들에서 이 용어들을 접하게 되는데, 그의 희극들에서 아이러니스트는 거짓말쟁이·사기꾼·협잡꾼·위선자·허풍쟁이와 같은 기만자들 사이에 위치한다.[9] 플라톤은 최초로 소크라테스를 아이러니

---

5) Cicero *Acad. Pr.* 2.5.15.
6) Cicero *De or.* 2.67.270.
7) Quintilian *Inst. or.* 9.2.44.
8) Quintilian *Inst. or.* 9.2.46.

한 질문자로 묘사했다. 소크라테스는 무지를 가장하여 자신의 재능을 축소함으로써 상대를 당혹스럽게 하며 동시에 상대를 올바른 사고의 길로 이끌었기 때문이다. 플라톤이 묘사한 소크라테스의 모습과 함께 아이러니스트는 고전희극의 우스꽝스러움과 천박함에서 벗어난다. 그리고 소크라테스를 교육자의 귀감으로 만들어 주었던 세련되고 인간적이며 유머러스한 자기 비하의 모습으로 등장한다.

소크라테스식 아이러니가 분명하게 나타나 있는 플라톤의 대화들에서도 아이러니라는 용어 자체는 속임수와 위선 등의 비하적인 성격이 유지되고 있으며, 이를 통해 소피스트들의 지적 속임수와 가장을 드러낸다. 예를 들어 플라톤은 《국가》에서 소크라테스가 그 특유의 방식으로 **디카이오수네**(dikaiosunē), 즉 정의의 개념에 대해 숙고하는 장면을 묘사하고 있다. 토론의 결정적인 순간에 대화 파트너인 트라시마코스는 화를 내며 소크라테스에게 끝없이 이어지는 질문과 논박 대신 직접적인 어법으로 자신의 의견을 개진할 것을 요구한다. 그러나 이번에도 소크라테스는 무지를 가장한 채 정의를 찾아내기는 아주 어려운 일인 만큼 자신을 경멸하기보다는 동정해 달라고 대답한다. 이 지점에서 트라시마코스의 분노가 폭발한다. "이런! 또 그 유명한 소크라테스의 은폐로군! 다른 사람들에게 미리 당신이 끝내 대답을 않고 은폐 속에 몸을 사릴 거라고 말해 두었소." 여기에서 은폐를 의미하는 그리스어는 물론 **에이로네이아**, 즉 아이러니이다.(337a)[10]

플라톤의 대화들에 등장하는 여러 예에서 당대의 사람들이 무지를

---

9) Aristophanes *Nubes* 443.

10) 플라톤에 대한 인용은 *Platon: Oeuvres complètes*, ed. Guillaume Budé (reprint, Paris: Les Belles Lettres, 1953)를 이용함.

가장하는 소크라테스의 태도를 궤변·경멸·속임수에 가까운 도피주의로 보았으며, 이로 인해 그에게 **에이론**이라는 수식어가 붙게 되었음을 우리는 알고 있다. 유일하게 아리스토텔레스에게서만 아이러니라는 말이 "소크라테스식 아이러니"의 특징을 지칭하는 세련되고 품위 있는 색조를 갖게 된다. 아리스토텔레스의 《니코마코스 윤리학》에서 이러한 의미상의 중대한 변화를 발견할 수 있다. 여기에서 말을 아끼는 것과 호언장담, 즉 **에이로네이아**(eirōneia)와 **알라조네이아**(ala-zoneia)는 진실에서 일탈된 형태로 간주되고 있다. 그러나 아리스토텔레스는 아이러니가 진실에서 일탈하는 것이 자신의 이익을 위해서가 아니라 호언장담에 대한 거부감과 타인이 열등감을 느끼지 않게 하기 위한 것이라고 주장한다. 그러므로 아이러니는 세련되고 고상한 것이다. 소크라테스에게서 이러한 본래적 아이러니의 원형이 발견되며, 이러한 언급을 통해 아이러니는 고전적 의미를 부여받는다.[11] 아이러니에 대한 아리스토텔레스의 다른 언급들에서도 소크라테스의 이미지가 나타난다. 아리스토텔레스는 《관상학》에서 아이러니스트를 나이가 많이 든 사람이며, 비판적 판단력을 반영하듯 눈가에 주름이 많은 인물로 묘사하고 있다.[12] 또한 《동물사》에서 그는 관자놀이 쪽으로 올라간 눈썹을 조롱꾼이나 아이러니스트의 특징으로 보고 있다.[13]

소크라테스를 아이러니의 대가로 규정한 관상학적 특징들은 플라톤의 글에서도 발견된다. 《심포지움》에서 알키비아데스는 소크라테스를 칭송하며, 그를 사티로스처럼 외형은 괴상하지만 내부는 순금으

---

11) Aristotle *Eth. Nic.* 4.13.127b22–26.

12) Aristotle *Phys.* 3.808a27.

13) Aristotle *Hist. Animal.* 1.491b17.

로 만들어진 실레니 조각상에 비유하고 있다. 이는 물론 돌출된 입술과 배, 뭉툭한 코 등 그의 외모와 개인적 위상, 지적 자질의 대조에 대한 언급이다. 이러한 대조 역시 "가면"으로서 일종의 아이러니한 은폐를 나타내는 것이라고 볼 수 있으며, 이는 유럽 문학에서 유명하고도 지속적인 주제가 되고 있다. 동료 시민들에게 소크라테스는 잘생긴 젊은이들과 흥겨운 심포시온에 감사나 표하는 자, 어느 모로 보나 무지하고 실제적인 일에 부적합한 자의 가면을 내보였다. 그러나 그 외형 아래에서 우리는 부와 대중적 평판뿐 아니라 육체적 아름다움까지도 초월한 인물, 비교할 바 없을 정도의 자제력을 갖춘 한 인물을 발견하게 된다. 알키비아데스는 **에이로네이아**라는 말을 이와 같은 은폐의 유형으로 사용하면서 술친구들에게 다음과 같이 설명한다. "그분은 평생 가장한 채 사람들과 유희를 즐기시지, 그분이 심각하게 당신의 깊은 생각을 드러낼 때 그 보물 같은 지혜를 본 사람들이 과연 있을지 의심스러워."(216d)

2

1797년 슐레겔이 소크라테스식 아이러니를 문학과 시를 이해하는 모델로 삼고자 했을 때, 그는 분명 이러한 다양한 요소들을 모두 염두에 두고 있었다. 당시 그는 1796년에 막 완성된 괴테의 소설 《빌헬름 마이스터》에 심취해 있었는데, 그 책은 이후 "작품 전체를 떠도는 아이러니"(*FS*, 2:137)라는 슐레겔의 논평으로 유명해졌다. 슐레겔은 공책에 다음과 같은 내용을 남기기도 했다. "대가=소크라테스와 같은 아이러니한 시=아이러니한 철학, 왜냐하면 그것은 시에 대한 시이므로"(*FS*, 18:24, no.75)라고. 이것은 자의식적이고 자아 반영적인 시에 대한 언급이다. 그는 또한 기존에 확립된 규칙을 준수하고 진리를 지향하는 관계를 비난한다는 의미에서 소크라테스식 아이러니와 상반되는 번지르르하고 형식적인 수사적 아이러니 때문에 고전주의자들의 시학(ars poetica) 전통에서 소크라테스식 아이러니가 사라져 버렸다는 것을 알고 있었다. 수사적 아이러니의 경우 화자의 의도와 그가 실제로 하는 말이 상반된다 하더라도 규칙에 따르면 우리는 실제로 그 의도된 의미를 이해할 수 있다. 이때의 아이러니는 완전한 동의, 화자와 청자 간의 완전한 이해, 그리고 진리에 대한 절대적 개념에 근거한다.

고전적 개념의 수사적 아이러니에서 슐레겔이 염두에 두고 있던 낭만주의적 아이러니로의 변천을 보여 주는 좋은 예로 토마스 만의 《마의 산》을 들 수 있다. 토마스 만은 실제 문학 활동뿐 아니라 이론에 있어서도 아이러니 문제의 대가였으며, 역사적-비판적 논의를 자신의 소설 속에 혼합하기를 좋아했다. 스위스의 어느 요양지에서 이탈리아인 세템브리니와 엔지니어인 한스 카스토르프가 벌이는 끝없는 논쟁의 일부인 다음의 내용은 그러한 기법의 좋은 예이다. 논쟁은 이탈리아인이 카스토르프의 말을 반박하면서 시작된다.

"아이고, 아이러니로군! 이곳에서 번성하고 있는 아이러니를 조심하시오. 이런 식의 정신적 태도를 멀리하시오. 아이러니가 직접적인 고전적 웅변술이 아닐 경우이거나 건강한 정신에서 잠시라도 벗어날 경우 퇴락을 조장하고 문명의 후퇴를 가져올 수 있소. 반감을 불러일으키는 어려운 대화나 악덕을 가져올 뿐이오. 우리가 사는 환경에서는 그런 해악이 쉽게 번창하는 만큼 내가 바라기로는, 아니 실상 두려워하는 것은, 무슨 말을 하려는지 알겠지요?"[14]

슐레겔의 입장은 "건강한 정신에서 잠시라도 벗어나는 직접적이고 고전적인 웅변술"을 토마스 만의 텍스트에서 "체계적이지 못하고 무질서하며 속악한" 것으로 묘사된 또 다른 유형의 아이러니로 대체하는 데 특징이 있다고 할 수 있다. 어떤 의미에서 이것은 지금까지 존재하지 않았던 문학상의 모더니티의 스타일과 일치하는 가장 현대적인 유형의 아이러니이다. 그러나 또 다른 측면에서 볼 때, 이것은 소크라테스와 플라톤의 대화에서 유래한 서양에서 가장 오래된 유형의 아이러니이기도 하다.

슐레겔은 다양한 방식으로 구성적이고 비결정적이며, 사고와 글쓰기의 자기 초월적 과정으로서의 소크라테스-플라톤적 아이러니를 되살리고, 이를 다시 문학상의 모더니티의 결정적인 특징인 자아 반영적이고 자의식적인 현대적 스타일과 통합하고자 했다. 《언어와 말의 철학》(1829)에 대한 강의에서 그는 아이러니를 "때로 온화한 미소로 이끄는 사고 자체의 자신에 대한 놀라움"으로 묘사했다. 그리고 "쾌활한 표면 아래에" "깊이 숨겨진 의미, 또 다른 상위의 의미, 때로 가장 숭고하고 진지한 것"(*FS*, 10:353)을 통합하는 것이라고 보았다. 플라톤이 제시한 사고의 극적인 전개에서 슐레겔은 대화 형식이 본질적이고 지배적인 역할을 한다는 점을 다음과 같이 밝힌다. "비록 사람들의 직위나 이름, 말과 응답, 대화적 형식 전부를 삭제하고 응집과 전개 과정에서 드러나는 사고의 내적 맥락만 강조해도, 응답이 새로운 질문을 야기하고 교대로 이어지는 의견과 반론 속에서 활발하게 진행되는 사고와 반사고라는 의미에서 전체적으로는 여전히 대화적

---

14) Thomas Mann, *The Magic Mountain*, trans. H. T. Lowe-Porter (New York: Vintage, 1969), 220.

형식이 유지될 것이다."(*FS*, 10:35)

"교대로 이어지는 의견과 반론, 사고와 반사고"는 사고와 글쓰기의 아이러니한 구성이라는 슐레겔의 관점에서 핵심적인 요소를 이루는 것으로 보인다. 그러나 우리는 이러한 변증법적 진행 또는 헤겔식의 방식을 목적 지향적, 목적론적 과정으로 보지 않도록 조심해야 한다. 그것은 오히려 끊임없는 미끄러짐을 특징으로 한다. 《레싱의 사상과 의견》(1804)에서 슐레겔은 다시 플라톤식의 글쓰기를 언급하면서 이 현대적 산문의 특징을 무한궤도의 이미지로 묘사한다.

당대의 어떤 편견이나 그 어떤 것을 부정하는 일은 내재적인 무기력을 효과적으로 극복할 수 있으며, 그 출발점이 된다. 그로부터 사고의 맥락은 계속적인 상호 작용 속에서 보이지 않게 진행되어 어느 순간 사고하는 자는 그 맥락이 갑자기 단절되거나 사라져 버린 후 자신이 예상치 못했던 목표와 갑작스럽게 직면하게 된다. 그의 눈앞에는 무한히 넓은 시점이 펼쳐진다. 그러나 지금까지 지나온 길을 돌아보고, 또 앞에 놓인 나선형으로 꼬인 대화를 보면서 그는 이것이 무한한 순환의 일부분에 불과하다는 것을 깨닫는다.(*FS*, 3:50)

교대로 이어지는 의견과 반론, 사고와 반사고라는 슐레겔의 말은 끊임없는 긍정과 부정의 연속, 자신에 대한 적극적인 개진에서 자신으로의 자아 비판적 후퇴, 세기말 이전부터 부분적으로 나타나는 열광과 회의를 표현한 것이다. 그리고 이러한 표현은 모두 "시적 반영"과 "초월적 시"에 대한 그의 이론을 달리 표현한 것으로서 "끊임없는 자기 창조와 자기 파괴"(*FS*, 2:172, no.51; *LF*, 167)로 종종 묘사되는 것이 그의 아이러니 개념과 일치한다. 자주 등장하는 이와 유사한 표현으로 "아이러니할 정도까지" 또는 "끊임없이 자기 창조와 자기 파괴 사이를 오가는 정도까지"(*FS*, 2:172, no.51; 217, no.305; *LF*, 167, 205)를 들 수 있다. 이것이 바로 슐레겔이 생각하는 가장 높은 수준의 완전성, 즉 자신의 불완전함에 대한 의식을 자신의 텍스트에 새겨 넣을 수 있는 완전성인 것이다. 우리는 "아이러니할 정도까지"라는 표현에 내재해 있는 자기 창조와 자기 파괴의 반동성을 결핍으로서가 아니라 우리가 도달할 수 있는 가장 높은 단계로 볼 수 있으며, 미학적 측면에서 볼 때 매력적이고 우아한 것이라고 설명할 수 있을 것이다.

그리스 시에 대한 초기의 글들에서 슐레겔은 자기 창조와 자기 파괴의 반동성을 디오니소스식의 원초적 희열에 대항하는 자기 처벌적 운동으로 묘사하면서 "가장 강렬한 열정은 그 넘쳐나는 힘을 사용하고 해소하기 위해 스스로에게 상처를 입힌다"(*FS*, 1:403)고 말하고 있다. 이러한 현상을 설명하기 위해 그가 즐겨 선택하는 실례는 고전 희극의 **파라바시스**(parabasis), 즉 코러스나 코러스 리더의 입을 통해 관객들에게 직접 말을 함으로써 극 전체의 분열을 초래하는 변덕스럽고 경박한 시인의 말이다. 슐레겔은 1797년에 쓴 단편에서 자신의 작품에 등장하는 작가를 예로 들어 이를 고대와 현대 문학의 모든 장르에 연결시키면서 "아이러니는 지속적인 **파라바시스이다**"(*FS*, 18:85, no.668)라고 말한다.[15] 특히 아리스토파네스의 희극들에 나타난 **파라바시스**와 그 속에서 드러나는 풍요로운 희극성을 지적하면서 슐레겔은 다음과 같이 말한다. "이러한 자기 처벌은 어리석음이 아니라 고의적인 충동, 넘쳐나는 활력으로서 종종 나쁘지 않은 효과를 가져온다. 사실 그것이 환상 전체를 파괴할 수는 없으며, 오히려 효과를 자

---

15) 슐레겔은 "**parekbasis**"라는 약간은 생소한 용어를 사용하고 있다.

극한다. 가장 강렬한 삶의 활력은 실현되어야 하며 때로 파괴되기도 하는데, 적절한 외부 대상을 찾지 못할 경우 그것은 사랑의 대상, 자기 자신, 자신의 창조를 대상으로 한다. 활력은 파괴가 아니라 활성화를 위해서 상처를 낸다."(*FS*, 1:30) 현대 문학과 관련하여 슐레겔은 괴테의《빌헬름 마이스터》의 아이러니한 분위기의 근거로 작가의 "위엄과 자신감, 그리고 동시에 그것을 비웃는 분위기" 또는 시적인 분위기에 등장하는 가장 산문적인 장면들을 들고 있다. 이어서 그는 다음과 같이 덧붙인다. "시인이 인물과 사건을 느긋하고 고상한 분위기로 묘사하거나 주인공을 전혀 아이러니하지 않게 언급할 때, 그리고 자신의 위대한 작품을 중요한 것이 아니라는 듯이 높은 곳에서 유유히 미소지으며 내려다볼 때, 이를 사실로 알고 속아 넘어가서는 안 된다."(*FS*, 2:133)

3

철학 분야에서 슐레겔의 아이러니는 지식에 대한 "최고 단계의 주제들의 무궁무진한 풍부함과 다양함"(*FS*, 13:207)에 대해 우리의 관심을 유도하고 "최고로 추앙받는 전지성이라는 우상"(*FS*, 13:208)의 가면을 벗기려는 시도를 보여 준다. 이러한 비판과 함께 슐레겔은 이전의 누구와도 달리 "절대적 지식"에의 접근을 주장했고, 아이러니를 자신의 입장에 대한 가장 큰 도전으로 여겼던 당대의 철학자 헤겔을 비판한다. 낭만주의의 주된 지적 사건들의 하나를 구성하는 극히 날

---

16) Georg Wilhelm Friedrich Hegel, *Werke in 20 Bänden* (Frankfurt: Suhrkamp Taschenbuch Wissenschaft, 1986). 앞으로 이 텍스트는 *GWFH*로 표기함.

카로운 논쟁의 형태로 헤겔은 프리드리히 슐레겔을 "아이러니의 아버지," 현대의 "가장 아이러니한 인물"(*GWFH* 11:233)[16]로 지목했다. 헤겔은 아이러니를 파괴적 회의론, 무책임하고 임의적이며 통합적 본질에서 스스로를 분리시키는 소외된 주관성의 극치(*GWFH* 7:278)[17]라고 비난했다. 《미학》 강의에서 헤겔은 "프리드리히 폰 슐레겔이 발명한" 아이러니의 예술적 측면을 "파괴 못지않게 창조에도 능한 만큼 자신의 창조물로부터 영원히 벗어나 있다고 느끼는 자유로운 창조자와도 무관한 것, 모든 것을 무가치한 것으로 만드는 신성한 재간"(*GWFH* 13:95)이라고 비난했다.

이렇게 볼 때 《정신현상학》(1807)에서 아이러니, 아이러니한 의식, 그리고 슐레겔의 이론에 대한 헤겔의 비판은 매우 중요하다. 사실 《정신현상학》에서 슐레겔의 이름은 등장하지 않는다. 그러나 1924년 그 유명한 연구서에서 에마누엘 히르슈는 양심 문제를 다루는 도덕론 부분의 결론부에 당대 철학자들에 대한 헤겔의 비판이 암호화되어 있다는 것을 보여 주었다.[18] "도덕적 세계관"(*GWFH* 3:464-94)[19] 항목에서는 칸트를 언급하고 있지만 이후의 항목들에서는 각각 낭만주의 세대의 대표자들을 언급하고 있다. 야코비와 관련된 언급인 "도덕적 정

---

17) 헤겔은 대체로 "자신을 궁극적인 것으로 인식하는 주관성의 정점"(*GWFH* 7: 278)이라는 표현을 쓴다. 따라서 이 표현은 헤겔의 언급을 글자 그대로 옮긴 것이 아니라 그의 법철학을 일관성 있게 잘 설명한 Otto Pöggeler의 표현이다. Otto Pöggeler, *Hegels Kritik der Romantik* (Bonn: Bouvier, 1956), 66을 볼 것.

18) Emanuel Hirsch, "Die Beisetzung der Romantiker in Hegels Phänomenologie," in *Materialien zu Hegels Phänomenologie des Geistes*, ed. Hans Friedrich Fulda and Dieter Henrich (Frankfurt: Suhrkamp, 1979), 245-75.

19) *Hegel's Phenomenology of Spirit*, trans. A. V. Miller (Oxford: Oxford University Press, 1977), 365-74.

교함," 피히테의 "자신의 절대적 확실성," 노발리스의 "아름다운 영혼," 슐라이어마허의 "시치미," 횔덜린의 "무정함," 그리고 프리드리히 슐레겔과 관련된 말인 "공언된 악" 등이 그것이다. 그러나 "용서"라는 표현을 통해 헤겔은 자신의 위치를 "아름다운 영혼"과 "시치미"로 분리된 의식을 조화시키는 입장으로 묘사한다. 대체로 이러한 비유들은 차례로 진보 또는 자의식의 고양을 표현한다. 그리고 이러한 과정의 장점은 특수한 모든 형태의 확실성들을 통합하는 "조화로운 긍정"이고, "순수한 지식의 형태로 자신을 아는 자들 가운데에 나타난 신"(*GWFH* 3:494)이다.

공언된 악이 실제로 프리드리히 슐레겔을 의미한다면 이 괴상한 위계 체계는 아이러니에 대한 극히 높은 평가를 표현하는 것이다. 이전의 모든 형태의 의식들은 아직 스스로를 완전하게 의식하지 못하고 있는 셈이다. 그것들은 환상에 기반을 둔 산만한 현시(現示)들이며 스스로에 대한 정신적 인식이 결여되어 있다. 그러나 악한 의식의 형태는 "그것은 바로 나"(*GWFH* 3:490)라고 악을 공언함으로써 양심을 최종적 결과로 이끄는 기능을 가지고 있다. 헤겔에게 이것은 "자신을 의식하는 정신의 최고의 반항"이다. 그런데 헤겔의 변증법 원리에 따르면 이러한 최고 형태의 부정은 정확히 "사상의 활동"에 동기를 제공하며, 따라서 조화로운 긍정에 필수적이다.(*GWFH* 3:492) 그러나 그 자체만을 보았을 때 의식의 악한 상태는 가장 순수한 부정, 언제나 부정하는 정신으로서 통합적 본질로부터 자신을 분리시키는 소외된 주관성의 정점이다.

비록 역사적 사항과 관련하여 암호화된 텍스트들에는 어떤 부정확성이 있기 마련이지만 헤겔의 다른 글들, 특히 《법철학》은 그가 《정신현상학》에서 "절대적 악"을 묘사할 때 슐레겔을 염두에 두고 있었음을 분명히 보여 준다. 그 텍스트들은 그러한 가정들을 아이러니와 슐레겔에 직접 연결시키고 있기 때문이다.(*GWFH* 7:279-80) 그러나 그 텍스트들에서 아이러니와 슐레겔에 대한 언급은 더 이상 묵시적 이미지가 아니라 직접적인 논쟁 형태로 다루어지며, 때로는 강한 적대감과 혐오감의 폭발(*GWFH* 18:461)로까지 드러난다. 예를 들어 헤겔의 《법철학》에서 슐레겔의 아이러니는 "보편적이고 전체적인 악 그 자체일 뿐 아니라 스스로 허영임을 알고 있으며, 또 이러한 사실을 안다는 의미에서 절대적인 것임을 주장함으로써 악의 형태에 주관성, 허영을 더하고 있다."(*GWFH* 7:279) 헤겔의 베를린 강의에 참석했던 키에르케고르는 헤겔이 "기회만 있으면" 아이러니를 흠잡으려 했으며, 슐레겔과 그의 제자들을 "도저히 손댈 수 없는 고집불통 죄인들"이라고 비난했다고 전한다. 키에르케고르의 말에 따르면 "헤겔은 언제나 그들을 극히 헐뜯는 투로 다루었다. 실제로 헤겔은 그가 '우월하신 분들'이라고 부른 그들을 극히 경멸했다……. 그러나 헤겔이 아이러니 형식을 자신의 입장에 가장 근접한 것으로 보고 격노했다는 사실은 자연히 아이러니에 대한 자신의 개념을 왜곡하고 말았다. 그리고 독자를 위해서 상세한 논의를 거의 하지 않은 반면, 슐레겔에 대해서는 몽둥이질을 가했다."(*CI*, 282)[20]

키에르케고르가 간파하였듯이 슐레겔의 아이러니가 헤겔의 입장에 매우 근접해 있다는 사실은 끊임없는 긍정과 부정, 영원한 구성과 중지, 자기-창조와 자기-파괴의 연속, 내재적인 "부정성"을 통해 추동

---

20) Søren Kierkegaard, *The Concept of Irony with Constant Reference to Socrates*, trans. Lee M. Capel (New York: Harper and Row, 1965). 앞으로 이 텍스트는 *CI*로 표기함.

력을 얻는 헤겔의 변증법과 관련된 것으로 보인다. 비록 슐레겔의 아이러니에는 헤겔의 변증법적 사고 과정에서 볼 수 있는 목적론, 목적지향적 성향이 없지만 실제로 최근의 헤겔 해석은 헤겔과 프리드리히 슐레겔의 낭만주의 이론을 밀접하게 연결시키는 경향이 있다.[21] 헤겔식 사고의 전체 구조는 어떤 완결된 철학, 완전한 법칙의 철학과 완전한 인간 사회, 국가, 총체적 본질에 기반을 제공하는 어떤 체계를 지향하는 듯하다. 슐레겔과 헤겔의 상반된 성향들을 인정하려면 그들의 입장에서 공통점을 찾을 수 없으며, 따라서 각각의 입장들을 완결되고 회합할 수 없는, 근본적으로 모순되는 두 가지의 지식 유형으로 보아야 할 것이다. 헤겔식의 지식은 유한한 것과 무한한 것의 해석에 대한 완전한 지적 이해를 요구한다. 슐레겔은 그러한 지식 유형들의 관계가 결코 유한한 지식에 의해 이해 가능한 구조나 변증법으로 환원되지 않으며, 부분적인 양상들로만 파악될 수 있는 무한한 과정을 구성한다고 주장한다. 19세기 초기의 이러한 담론들을 좀더 현대적인 방식으로 표현한다면, 우리는 헤겔과 슐레겔에서 각각 오늘날 구조주의의 해석학과 후기구조주의의 해체주의와 같이 전혀 다른 담론들에 대응하는 사고 모델, 지식의 형태, 철학적 확실성의 양상을 보게 된다고 할 수 있다.

헤겔과 슐레겔 간의 본질적인 차이를 주장하더라도 헤겔 철학의 핵

---

21) Otto Pöggeler, "Grenzen der Brauchbarkeit des deutschen Romantik-Begriffs," in *Romantik in Deutschland*, ed. Richard Brinkmann (Stuttgart: Metzler, 1978), 341-54. Otto Pöggeler, "Ist Hegel Schlegel?" in *Frankfurt aber ist der Nabel dieser Erde*, ed. Christoph Jamme and Otto Pögggeler (Stuttgart: Klett-Cotta, 1982), 325-48; Rüdiger Bubner, "Zur dialektischen Bedeutung romantischer Ironie," in *Die Aktualität der Frühromantik*, ed. Ernst Behler and Jochen Hörisch (Padeborn: Schöningh, 1987), 85-95.

심에서 우리는 또다시 아이러니를 접하게 된다.《철학사》강의에서 여느 때와 마찬가지로 헤겔은 아이러니에 대한 분노에 찬 험담을 계속한다. 그에게 아이러니는 고상하고 신성한 진리를 무, 평범성 등으로 와해시켜 버리는 유희에 불과하다.(*GWFH* 18:460-61) 그런데 바로이 지점에서 헤겔은 갑자기 지나가는 말처럼 아이러니와 변증법 사이의 유사성을 언급한다. "모든 변증법은 중시되어야 할 모든 것들을 마치 현재 중시되고 있는 듯이 중시한다. 그로부터 내적 파괴가 세계의 보편적 아이러니를 생성하게 하자."(*GWFH* 18:460) 헤겔의 강의에 참석했던 하이네와 키에르케고르는 이 중요한 언급에 주목했다. 키에르케고르는 세계사적 개인, 세계사의 비극적 영웅이라는 개념으로이 아이러니를 설명하고자 했다. 세계사적 영웅은 이전의 질서를 제거하여 새로운 역사적 리얼리티를 구현해야 하지만, 그는 또다시 변화하는 현실에 얽매여 있다.(*CI*, 276-77) 키에르케고르는 헤겔이 "세계의 보편적 아이러니"를 상당히 정확히 묘사했다고 생각했다. "각각의 특수한 역사적 현실이 이데아 실현의 한순간에 불과하다면 거기에는 이미 자기 파괴의 씨앗이 심어져 있는 셈이다."(*CI*, 279) 실제로 헤겔은 "세계사적 개인들"의 비극적 운명을《역사철학》강의의 중심 주제로 삼고 있다.(*GWFH* 12:45-50)

그런데 좀더 정확히 말해서 문제는 고상한 개인들의 변증법적·세계사적 파괴와 그에 따른 아이러니가 아니라 파괴를 세계사의 발전과 생명 일반의 필수적인 선행 조건으로 보는 자의 눈과 관찰, 의식이다. 아이러니한 것은 무엇보다도 철학자의 의식, 헤겔의 의식이다. 헤겔 자신이 모순과 필연성에 의해 진행되는 세계사의 변증법적 진화가 생명의 형태들을 파괴함으로써 또 다른 상위의 형태들이 등장할 수 있다고 말하기 때문이다. 헤겔은 아이러니를 이와 같은 변증법적 관점에서 보았으며, 이에 따라 기존의 역사적 형태들은 한편으로 확고한 것으로 존중되면서 동시에 필연적인 파괴에 종속되는 것으로 나타난다. 그러나 물론 헤겔은 이 전체 과정이 이성과 의미의 통제하에 있으며, 파괴에도 불구하고 세계 정신은 "고양되고 영광스러운 모습으로"(*GWFH* 12:98) 계속 나아간다고 확신했다. 이러한 상위의 의미에 대한 의식은 헤겔의 아이러니한 입장을 강화한다. 무엇보다도 세계사적 단계의 대리인들이 이 전체적 조망을 공유하지 못하며, 심지어 상위의 운명에 농락당하는 경우도 많기 때문이다.

그런데 만약 지배적 의미에 대한 확신이 사라질 경우 아이러니는 어떻게 될 것인가? 이 문제를 최초로 제기한 사람은 뱅자맹 콩스탕일 것이다. 그는 1790년 다음과 같은 아이디어를 제기했다. "신, 곧 인간과 자연의 창조자가 자신의 일을 끝마치지 못하고 죽는다⋯⋯. 만물은 어떤 목적을 위해 창조되었음을 알고 있지만, 그 목적은 더 이상 존재하지 않는다. 그리고 특히 인간은 무엇인가에 운명지어져 있음을 느끼지만 그것이 무엇인지 전혀 알지 못한다."[22] 콩스탕은 자신의 편지에서 이러한 생각을 개진했지만 그 편지는 20세기 초반에 와서야 출판되었다. 따라서 반-헤겔적 기반과 신의 죽음에 따른 위상에서 발전한 세계사적 아이러니, 신의 아이러니, 세계의 보편적 아이러니와 같은 문제에 영향을 주었다고 보기는 어렵다. 이 문제를 의도적인 아이러니의 문맥으로 제기한 사람은 하이네였다. 1826년 《위인의 책》에서 그는 세계를 다음과 같이 묘사한다.

세계는 신들의 술좌석에서 몰래 빠져나와 어느 멀리 떨어진 별에서

---

22) Gustave Rudler, *La jeunesse de Benjamin Constant* (Paris: Colin, 1909), 377.

잠이 든 어느 술취한 신의 꿈이다. 그 신은 자신이 꿈속에서 모든 것을 만들어 내고 있음을 전혀 모른다. 꿈의 이미지들은 때로 강렬하지만 조화롭고 구체적이다. 《일리아드》, 플라톤, 마라톤 평원의 전투, 모세, 메디치가의 비너스, 스트라스부르 대성당, 프랑스 혁명, 헤겔, 증기선 등등 이 모든 것들은 신의 창조적 꿈에서 나온 훌륭한 개별적 아이디어들이다. 그러나 머지않아 신은 잠에서 깨어나 눈을 비비며 미소를 지을 것이다. 그때 이 세상은 결코 존재하지 않았던 것처럼 무로 돌아갈 것이다.(*SW* 2:253)[23]

하이네는 바로 이러한 문맥에서 "신의 아이러니" "세계의 아이러니"와 같은 표현을 사용하며, "저 높은 세계 무대 위의 위대한 시인의 아이러니"를 언급하고 있다. 그는 신을 "천상의 아리스토파네스" "삶의 끔찍한 장면들 속에 즐거움 몇 방울을 섞어 혼합"하는 "우주의 작가"라고 부르며, "우리의 주님은 티크 씨보다 훨씬 뛰어난 아이러니스트"(*SW* 2:424, 522, 282; 3:427)라고 주장한다. 헤겔과 반대로 하이네의 "신의 아이러니" "세계의 아이러니"는 세계의 이성적 질서에 대한 확신의 상실에서 유래하며, "중심부를 관통하며 세계를 쪼개 버리고" 시인의 마음 한가운데를 "세계의 중심"처럼 "심하게 찢어 놓은" "세계의 거대한 분열"(*SW* 3:304)에 기인한다. "한때 세계는 온전했다"고 하이네는 말한다. "고대와 중세 시기에는 그 분명한 싸움들에도 불구하고 세계의 통일성이 있었고, 온전한 시인들이 있었다. 우리는 그 시인들을 축복할 것이고, 그들에게서 즐거움을 얻을 것이다. 그러

---

23) Heinrich Heine, *Sämtliche Werke*, ed. Klaus Briegleb (Munich: Hanser, 1971). 앞으로 이 텍스트는 *SW*로 표기함.

나 그들의 온전함에 대한 모방은 모두 거짓이다. 그 거짓은 분별 있는 시각을 가졌다면 누구나 알 수 있는 것이며, 따라서 경멸의 대상이다."(*SW* 3:304)

4

세계의 보편적 아이러니에 대한 이러한 논의에서 가장 급진적인 결과를 이끌어 낸 사람은 니체였다. 언젠가 그는 자신의 입장을 철저히 고전주의적 용어로 설명하면서 헤겔식 어조로 그 아이러니 용어를 언급한 적이 있다. 하지만 그는 모던한 요소임에 분명한 내용을 무심결에 다음과 같이 첨가하고 있다. "**아모르 파티**(amor fati: 운명에 대한 사랑)는 가장 깊숙이 위치한 나의 본질이다. 그러나 이러한 사실이 나의 아이러니에 대한 사랑, 세계사적 아이러니에 대한 사랑을 배제하는 것은 아니다."(*FN* 6:363; **GM**, 324)[24] 그러나 니체는 대체로 아이러니라는 용어를 거부한다. 그의 취향에 비추어 볼 때 아이러니에는

---

24) Friedrich Nietzsche, *Kritische Studienausgabe*, ed. Giorgio Colli and Mazzino Montinari, 15 vols. (Berlin: de Gruyter, 1980). 앞으로 이 텍스트는 *FN*으로 표기함. 다음과 같은 번역본을 사용하였음. Friedrich Nietzsche, *The Birth of Tragedy and the Case of Wagner*, trans. Walter Kaufmann (New York, Random House, 1967); Friedrich Nietzsche, *Untimely Meditations*, trans. R. J. Hollingdale (Cambridge: Cambridge University Press, 1986); Friedrich Nietzsche, *Daybreak*, trans. R. J. Hollingdale (Cambridge: Cambridge University Press, 1982); Friedrich Nietzsche, *The Gay Science*, trans. Walter Kaufmann (New York: Random House, 1974); Friedrich Nietzsche, *Beyond Good and Evil*, trans. Walter Kaufmann (New York: Random House, 1966); Friedrich Nietzsche, *On the Genealogy of Morals: Ecco Homo*, trans. Walter Kaufmann and R. J. Hollingdale (New York: Random House, 1969); Friedrich Nietzsche, *Twilight of the Idols: The Anti-Christ*, trans. R. J. Hollingdale (New York: Penguin Books, 1968).

낭만주의 요소가 너무 많기 때문이다. 따라서 그는 자신이 "가면"이라고 번역한 은폐라는 고전적 개념을 선호한다. 예를 들어 출판되지 않은 어느 글에서 니체는 "은폐의 증가"를 존재들간 계층 서열의 지표로 간주한다. "유기체의 세계에서 은폐는 결핍으로 나타난다. 유기체에서 교활함이 시작되고 식물들은 이미 그것에 통달해 있다. 카이사르 · 나폴레옹(스탕달의 말) 같은 최고의 인간들은 (이런 의미에서) 최고의 민족들(이탈리아인), 그리스인(오디세우스)들과 같다. 교활함은 인간 진화의 **핵심**에 속한다."(***FN*** 8:10, 159)

니체의 글에서 어쩌다 아이러니라는 용어를 발견할 경우 거의 예외 없이 그 말은 부정적 어감을 가지고 있다. 예를 들어 《삶을 위한 역사의 이용과 그 해악》(1874)의 초기 텍스트에서 아이러니는 "실용적인 염세주의자들," 미래를 전혀 고려하지 않는 기시적(旣示的) 의미의 역사 연구 태도로 묘사된다. 여기에서 드러나는 "아이러니한 존재"와 "**아이러니한 자의식 유형**"은 "일종의 선천적 조로증"을 가지고 있다. 그것들은 "노인들의 일거리" 즉 "지나간 일, 다시 말해서 문화의 역사적 측면을 기억해 냄으로써 과거를 되돌아보고 반추하며 종결시키고 위안을 찾는 행위를 통해 스스로를 드러낸다."(***FN*** 1:303; ***UM***, 101) 그리고 이러한 회고적인 태도에는 미래라는 창고에는 인간이 즐길 수 있는 것이 거의 남아 있지 않다는 예감이 결합되어 있다. 따라서 인간은 "대지가 **우리의 존재**를 참아 주기만을 기대할 뿐이지만, 그렇지 않다 하더라도 어쩔 수 없는 일"이라는 생각을 가지고 살아간다. 니체는 덧붙여 말한다. "이것이 그들이 느끼는 바이며, 따라서 그들은 **아이러니한** 존재로 살아간다."(***FN*** 1:302; ***UM***, 100) 그는 "기원"과 관련되는 한 인간적인 모든 것은 "아이러니한 관점"을 요구한다는 사실을 인정한다. 그리고 바로 그러한 이유 때문에 세계에는 아이러니가 넘쳐난다고 본다.(*FN* 2:210; *HH*, 120) 니체에 따르면 습관화된 아이러니는 본성을 망쳐 놓는다. "결국 인간은 웃는 법을 배웠지만, 무는 법을 잊어버린 개를 닮게 된다."(*FN* 2:260; *HH*, 146-47)

역사적으로 볼 때 아이러니의 기원은 "소크라테스의 시대"에 있다. 즉 "피로에 지친 본능만을 가진 사람들, '행복을 향해서,' 쾌락을 향해서 자신들을 내맡긴 고대 아테네의 보수주의자들, 고대의 화려한 말들을 입에 올리지만 정작 그것을 부정하는 삶을 사는 자들"의 삶 속에 위치한다. 이러한 세계에서 아이러니는 필요했다. **"아이러니는 영혼의 위대함을 위해 요구되었을 것이다. '귀족'의 살과 심장을 다루면서 그랬듯이 '내 눈앞에서 속이려 하지 마시오! 보시오, 우리는 모두 동등하오!'라고 분명한 어조로 주장하는 표정을 한 채 자신의 몸에 가차없이 칼을 꽂았던 평민 출신의 어느 늙은 의사가 보여 준 소크라테스식의 풍자적 확신에서 볼 수 있듯이 말이다."(*FN* 5:146; *GE*, 138) 아이러니는 또한 현대에서 존재의 필수 조건으로 작용한다. 니체는 "한계와 품위, 의미와 이웃에 대한 사랑"을 이야기하지만, 실제로는 자신의 방식을 지속시키고 확대시키는 것에 전념하는 도덕, "평범함의 도덕"에서 그것을 발견했다. 그러한 도덕은 **"아이러니를 숨기기 어려울 것이다."**(*FN* 5:217; *GE*, 212)

요컨대 니체에게 아이러니는 쇠퇴를 나타내는 수많은 생명 형태들 중의 하나였다. 아이러니는 "철학이 '누구에게 어떤 도움도 되지 않는' **불완전한** 시스템과 무익한 노력에 불과함을 알고 있는" 학자가 어깨를 으쓱하는 제스처와 같다.(*FN* 5:130; *GE*, 122) 아이러니는 "본능적으로 탁월한 인간을 전멸시키고 굽어진 뱃머리를 부러뜨리려는, 또는 그것을 다시 펼치려는 제수이트의 평범주의이다."(*FN* 5:134; *GE*, 126) 아이러니스트는 "더 이상 저주하거나 꾸짖지 못하는 사람," 더 이상 긍정도 부정도 모르는 사람이다.(*FN* 5:135; *GE*, 126) 예와 아니오는 그의 취향이 아니다. 대신 그는 "'내가 아는 것은 무엇인가?' 라는 몽테뉴의 말, '나는 내가 아무것도 모른다는 것을 알고 있다'는 소크라테스의 말"을 반복하면서 '고상한 절제심'을 유지한다. 아이러니스트는 다음과 같이 계속 말한다. "'이 상황에서 나 자신도 나를 믿지 못한다. 새로운 가능성은 없다!' 또는 '가능성이 있다한들 왜 즉시 택해야만 하는가?' '이 모든 성급한 가설의 이점은 무엇인가? 가설을 전혀 즐기지 않는 것이 올바른 취향의 일부일 수도 있다. 구부러진 것을 즉시 반듯하게 펼쳐야 한다고 주장해야만 하는가? 모든 구멍을 다 메워야만 하는가? 시간이 없다는 말인가? 끔찍한 종족이여, 그리도 **참을성**이 없다는 말인가? 불확실한 것도 매력이 있다. 스핑크스도 키르케였고, 키르케 역시 철학자였다.'"(*FN* 5:137-38; *GE*, 129-30)

그런데 항상 그렇듯이 퇴락에 대한 주제를 다룰 때 니체의 단도직입적인 평가는 즉시 방향을 바꾸어 그러한 현상에 대한 자신의 선호 경향을 드러낸다. 위의 마지막 인용문은 회의론에 대한 그의 아포리즘에서 인용한 것이다. 이 아포리즘은 당대의 프랑스를 묘사하고 있는데, 니체에게 프랑스는 "회의론자들의 고장이며, 회의론의 모든 매력을 보여 준다는 점에서 유럽에 대한 문화적 우월성을 보여 주는 나라이다." 유사한 관점에서 프랑스는 항상 "가장 위험스러운 정신 성향조차 매력 있고 유혹적인 것으로 바꾸어 놓는 훌륭한 재주"(*FN* 5:139; *GE*, 130-31)를 가진 나라였다. 퇴락은 이제 긍정적인 것이 되었다. 이에 그 아포리즘은 보들레르, 프랑스 낭만주의, 상징주의에서 영감을 받은 전체적인 흐름의 하나일 뿐이며, 이들은 아이러니에 대한 니체의 입장과 밀접하게 연관되어 있다.[25] 그리고 이 문제를 살펴보기 위해서 우리는 아이러니라는 말이 가해 놓은 제한들을 넘어서야 한다.

니체의 글에 종종 삶의 기술로 제시되는 아이러니의 복잡한 구성 문제에 접근하는 좋은 방법의 하나는 《선악을 넘어서》의 "자유로운 정신"과 "고상함이란 무엇인가"에 묘사된 가면의 주제를 살펴보는 것이다. 《선악을 넘어서》에서 가면에 대한 가장 뛰어난 아포리즘인 마흔번째 아포리즘에서 이 주제는 **은폐**와 **에이로네이아**에 대한 고전적 개념과 연결된다. 이것은 비록 텍스트에서 소크라테스의 이름이 거론되지는 않지만 실레노스의 소크라테스적인 이미지를 이용하는 듯하다는 인상을 준다. 니체는 그 아포리즘에서 이렇게 말한다. "소중하고 연약한 어떤 것을 지켜야 하는 인간은 무거운 테두리를 두른 낡은 녹색 술통처럼 거칠게 삶을 향해 굴러가야 한다. 자신의 수치심을 세련되게 하기 위해서는 그렇게 해야만 한다."(*FN* 5:58; *GE*, 51) 이러한 대조는 그 논의의 요점의 하나이며——수치심, 개방에 대한 회피, 무능의 경우처럼——"상반된 것"이 "신의 수치심을 가리는 적당한 변장"(*FN* 5:57; *GE*, 50)이 될 수 있는가라는 문제를 불러온다. 인간의 행위와 관련해서 니체는 말한다. "때로 섬세한 본성이 나타나는 경우가 있으니 그럴 때에는 거친 방식으로 그것을 감추고 덮어두는 것이 좋다. 사랑의 행위와 넘쳐나는 자비로움이 있다. 그러나 그후 몽둥이를 들고 목격자를 흠씬 패주는 것보다 바람직한 것은 없다. 덕분에 그의 기억은 혼란에 빠질 것이다. 이 유일한 목격자에게 복수하기 위

---

25) 이 문제에 대해서는 Karl Pestalozzi, "Nietzsches Baudelaire-Rezeption," in *Nietzsche-Sudien* 7 (1978): 158-78; 그리고 Mazzino Montinari, "Nietzsches Auseinandersetzung mit der französischen Literatur des 19. Jahrhunderts," in *Nietzsche heute: Die Rezeption seines Werkes nach 1968*, Amherster Kolloquium 15, ed. Sigrid Bauschinger, Susan L. Cocalis, and Sara Lennox (Bern: Franke, 1988), 137-48을 볼 것.

해서 자신들의 기억을 혼탁하게 하고 남용하는 법을 아는 자들이 있다. 수치심은 재간꾼이다."(*FN* 5:57-58; *GE*, 50-51)

그 아포리즘의 마지막에 가서 니체는 "본능적으로 침묵과 침묵 속의 매장을 위한 언어를 필요로 하는" "은폐된" 인간의 의사 소통 행위에 집중한다. 그러한 인간은 "의사 소통을 무한히 회피"하며, 분명 "자신의 가면이 대신 친구들의 가슴과 머릿속을 배회하기를 **원한다**." 여기에서 우리는 유사함과 진실, 외형과 실재, 은폐와 수치심에 대한 최초의 판단 기준이 상실되며 재구성될 수 없음을 깨닫는다. 실제로 가면에 대한 인간의 욕망과 관련하여 니체는 다음과 같이 말한다. "그가 원치 않았다 하더라도 언젠가는 자신의 가면이 그곳에 있다는 사실을 깨달을 것이다. 모든 심오한 정신은 가면을 필요로 한다. 게다가 모든 말, 자취, 삶의 표식에 대한 거짓된, 즉 **피상적인** 해석으로 인해 모든 심오한 정신의 주변에는 가면이 끊임없이 자라나고 있다." (*FN* 5:58; *GE*, 51)

가면의 또 다른 형태이며 "가장 세련된 가장의 하나"는 에피쿠로스주의, 또는 "고통을 대수롭지 않게 받아들이고 슬프고 심원한 모든 것을 거부하는 취향에 대한 거짓된 용기"(*FN* 5:225-26; *GE*, 220-21)이다. 어떤 사람들은 "유쾌함을 선택한다. 왜냐하면 그들은 자발적으로 오해받기 때문이다——그들은 오해받기를 **원한다**."(*FN* 5:226; *GE*, 220) 학문은 "유쾌한 표정"을 만들어 내는 또 다른 가장으로서 그들이 과학을 택하는 이유는 "과학적 존재라는 사실이 인간의 피상성을 암시하기 때문이다. 그들은 이러한 거짓된 추론에 다른 사람들을 끌어들이기를 **원한다**."(*FN* 5:226; *GE*, 220-21) 자유분방하고 무례한 자들은 그들이 상심했음을 감추고자 한다(햄릿·갈리아니). 그리고 때로는 "어리석음조차 축복받지 못한 너무나 확실한 지식을 감추기 위한 가면이 된다." 따라서 니체에게 "'가면'을 존중하고 잘못된 방식으로 심리학과 호기심에 탐닉하지 않는 것은 세련된 인간성의 특징"이 된다.(*FN* 5:226; *GE*, 221)

"은둔자"로서 니체 역시 "책에서 자신의 진실하고 궁극적인 의견을 표현한 철학자"가 있다고 믿지 않았으며, 실제로 "철학자가 '궁극적이고 진실한' 의견을 가질 수 있을지"(*FN* 5:234; *GE*, 229) 의심스러워했다. 아마도 그러한 철학자라면 분명 그가 은닉하고 있는 것을 숨기기 위한 책을 쓸 것이다. 그리고 사람들은 "그 철학자의 동굴들 너머에 더 깊은 또 다른 동굴——'기초'를 다지려는 모든 시도들에 대해 표면적인 것 너머에 존재하는 더 포괄적이고 낯설고 풍요로운 세계, 모든 대지 너머에 있는 심연과도 같이 깊은 대지가 존재하지 않을까"(*FN* 5:234; *GE*, 229) 궁금해하게 된다. 이와 같은 사항들로 인해 우리가 내리게 되는 결론은 다음과 같다. "모든 철학은 철학을 은폐하며 모든 의견은 또한 **숨기기**이고 모든 말은 가면이다."(*FN* 5:234) 그러나 철학자의 가면을 존중하고 "그가 **여기에서** 멈추고 뒤와 주위를 돌아보거나 더 이상 파들어가지 않고 삽을 내던져 버리는 것은 변덕스러운 짓이고 무엇인가 수상한 느낌이 있다"(*FN* 5:234; *GE*, 229)라는 식의 회의적인 생각에 빠지지 않는 것은 좀더 세련된 인간성과 철학의 증거이다.

어떤 대가를 치르고라도 진리를 찾으려는 이러한 의지는 "인간과 사물을 이런 식의 예와 아니오로" 몰아대는 젊은이의 철학에 속한다. 이러한 철학은 "가장 나쁜 취향, 무조건적인 취향"으로서, 사람들은 그 취향에 의해 잔인할 정도로 놀림받고 오용될 필요가 있다. 그들이 "어감의 예술"을 배우고 "감정에 약간의 예술"을 가미하며 "진실한 삶의 예술가들이 그러하듯이 인위적인 것마저 시도"(*FN* 5:49; *GE*, 43)하는 위험을 무릅쓰기 전에 말이다. 니체는 《즐거운 학문》의 서문에서 "아니오"라고 말한다. "우리에게 이 나쁜 취향, 진리에의 의지, '어떤 대가'라도 치르겠다는 의지, 진리에 대한 사랑에의 젊은 열정은 매력을 잃었다. 우리는 너무나 많이 경험했고, 너무나 심각하며, 너무나 명랑하고, 너무나 소진되었으며, 너무나 **심원하다**. 우리는 베일이 벗겨졌을 때 진리가 진리로 남아 있으리라고 더 이상 믿지 않는다. 그렇게 믿기에는 우리는 너무나 오래 살았다. 오늘날 우리는 모든 것을 액면 그대로 보거나, 모든 것을 확인하고 모든 것을 다 이해하며 '아는' 것을 원치 않는 것이 예의라고 생각한다."(*FN* 3:352; *GE*, 38)

우리는 니체 자신의 존재, 이중인 또는 도플갱어(*FN* 6:226; *GM*, 225)로서의 그의 삶이나 그의 스타일, 즉 "멀고 힘들고 어렵고 위험한 사상과 진행의 **템포**, 그리고 가장 뛰어나며 가장 변덕스러운 유머"(*FN* 5:47; *GE*, 40-41)와 같은 표현에서 볼 수 있는 그의 스타일에 나타난 가면의 적절성에 대해서 계속 이야기할 수 있을 것이다. 그러나 이미 아이러니한 가장, 구성적 사고와 글쓰기, 양날을 가진 의사 소통, 삶과 철학의 예술화 모두가 세계의 보편적 아이러니에 대한 그의 반응이라는 것이 분명하다. 니체는 《즐거운 학문》에서 다음과 같은 질문을 던지며 이 문제를 제기한다. "우리의 궁극적인 확신이 의존하고 있는 모든 것들이 믿을 수 없는 것이 되어 버린다면 어떻게 될까? 어느 것도 신성하지 않으며 단지 실수, 어리석음, 거짓에 불과한 것으로 판명되고, 신 자신이 우리의 영원한 거짓말에 불과했음이 드러난다면 어떻게 될까?"(*FN* 3:577; *GS*, 283)

이러한 시점에서 니체는 "속지 않으려 하는 것"이 정말로 "덜 유해하고, 덜 위험하며, 덜 비관적인 것인지" 확신할 수 없었다. "무조건적으로 불신하는 것이 더 이익이 되든, 무조건적으로 믿는 것이 더 이익이 되든."(*FN* 3:575-76; *GS*, 280-81) 그것이 속임수를 수용하는 것보다 나은 것인지 말이다. 이 딜레마에 대한 그의 대답은 같은 제목의 아포리즘에서 표현했듯이 "우리 스스로 경계하자!"라는 충고였다. 이 아포리즘은 "세계 전체의 특성은 영원한 혼돈이다. 필요성의 부재라는 의미에서가 아니라 질서, 배열, 형태, 미, 지혜, 또는 우리의 미학적 인간주의(신인동형론적)를 위한 또 다른 어떤 이름이든 간에 이러한 것들이 부재한다는 의미에서의 혼돈이다"(*FN* 3:468; *GS*, 168)라는 깨달음에서 출발한다. "인간의 사고와 인간적 가치에 상당하는 어떤 것과 그 척도"를 가지고 있고, "우리의 소박하고 보잘것없는 이성의 도움으로 완전히 그리고 영원히 마스터할 수 있는" 그러한 "진리의 세계"를 상정한다는 것은 니체에게 "정신병자나 백치인 체하는 것이 아니라면 조잡하고 순진한 생각"(*FN* 3:625; *GS*, 335)일 뿐이다. 그러한 세계는 "사실이 아니라 불충분한 관찰의 총합을 근거로 상상력을 통해 조작해 낸 것일 뿐이다. 그러한 세계는 변전(變轉)중에 있는 어떤 것처럼 '흐름 속'에 있지만, 결코 진리에 가까이 갈 수 없는 거짓의 반복일 뿐이다. 왜냐하면 '진리'란 존재하지 않기 때문이다."(*FN* 12:114) 그러나 니체가 이 "존재의 엄청난 불확실성과 모호성"(*FN* 3:373; *GS*, 76)을 권력에의 의지와 같은 단일 원리나 권력에의 의지와 영겁회귀 사이의 보족적 상호 관계로 축소시켰다고 생각한다면, 그것은 세계의 보편적 아이러니에 대한 그의 풍부한 사유를 온전히 이해한 것이라고 볼 수 없다.

5

사실 니체가 현대 지성사의 코스와 방향의 주변을 맴도는 포스트모던 시대를 위한 "턴테이블"이었다는 점은 그의 반대자들 사이에서도 널리 인정되는 사항이다. 이러한 관점의 주된 근거는 서구 사상이 의존하고 있는 이성·진리·도덕·종교 등 모든 질서의 원리들에 대한 그의 급진적인 비판에 있다. 이러한 핵심적인 입장은 니체의 글쓰기 방식과 진리와 환상, 가면과 진실성, 생명과 퇴락 간의 아이러니한 연계에서도 찾아볼 수 있다. 몇몇 현대 작가들은 자신들의 아이러니를 니체로부터 직접 빌려 왔다는 사실을 솔직하게 인정하고 있다. 앙드레 지드·토마스 만·로버트 무질만을 생각해 봐도 그렇다. 토마스 만은 "아이러니"[26]라는 한 가지 명칭으로 니체의 삶을 구성하는 사건을 규정할 수 있다고 공공연하게 주장했다. 그러나 포스트모더니즘의 후보자들임을 자처하는 작가들 사이에서 볼 수 있는 니체와의 밀접한 연관성에도 불구하고 그들에게는 아이러니와의 명확한 연계성이 부족하다. 아이러니에 대한 거리감, 그 단어에 대한 회피는 이미 니체에게서도 찾아볼 수 있는데, 그의 경우 그것은 자신이 실행하고 있다고 믿었던 반낭만주의 캠페인과 분명 관계가 있었다. 그러나 포스트모더니즘의 글쓰기에서 작가들이 아이러니를 멀리하는 것은 현대 지성사에서 아이러니가 차지하고 있는 뚜렷한 위상, 이성과의 동반적 관계, 보편적인 이성주의 사이에서 아이러니가 행하는 완화 기능과 관련이 있는 듯하다. 아이러니는 이러한 연계성을 통해 스스로와 타협한 것처럼 보이며, 따라서 포스트모던한 분위기를 묘사하는 데 적절치 않은 것처럼 보인다. 비록 이 복잡한 현상을 표현하는 데 그보다 더 적절한 말은 없지만 말이다.

---

26) Thomas Mann, *Reflections of a Nonpolitical Man*, trans. Walter D. Morris (New York: Ungar, 1983), 13.

폴 드 만은 이러한 태도에서 예외적인 것 같다. 그는 자신의 문학 이론을 아이러니라는 용어로 묘사했으며, 나아가 아이러니를 어떤 유형의 텍스트와도 동일한 것으로 보았다. 드 만은 결코 자신을 포스트모던 비평가로 생각하지 않았다. 이는 아마도 그가 글을 쓰던 당시에 아이러니라는 용어가 유행하지 않았기 때문이거나, 어느 누구도 그에게 이 용어를 적용하지 않았기 때문이었을 것이다. 그러나 드 만 사상의 전반적인 구조, 특히 언어의 비유적인 특성과 그에 따른 의미의 다양성은 완벽하게 그의 이러한 입장을 보증한다. 그의 제자들에 의해 적용된 "독서의 해체" 또는 "스스로에 의존하는 텍스트" 기술이 포스트모던 비평의 전형이 된 사실은 차치하고라도 말이다.

드 만의 글쓰기에 아이러니가 두드러지는 이유 중의 하나는 신비평 때문일 것이다. 아이러니가 몇몇 신비평가들(예를 들어 클린스 브룩스 같은)에게 문학 작품의 "구조 원리"였듯이, 드 만에게 아이러니는 문학 텍스트의 분열 원리였다. 신비평은 아이러니 · 모호성 · 역설을 시의 다면성과 다양성을 용해시키고 이를 통합된 유기적 전체, 조화, 자기 통합과 자존적인 것으로 만드는 요소로 보았다. 반면에 드 만은 아이러니를 기호와 의미 간의 불일치, 작품의 부분들간의 응집력의 부재, 허구성을 드러내는 문학의 자기 파괴적 능력, 견딜 수 없게 된 상황으로부터 도피하지 못하는 무능력이라는 관점에서 보았다. 아이러니는 실제적으로 그의 해체 개념, 《눈멂과 통찰》《독서의 알레고리》의 모토에 따른 그의 해석 테크닉과 일치한다.

드 만 역시 아이러니를 프리드리히 슐레겔에서 키에르케고르와 니체, 그리고 《웃음의 본질》과 관련하여 보들레르에까지 이르는 현대적 의식의 특징이라고 보고 아이러니의 역사적 전개를 조사했다. 드 만이 "시간성의 수사학"(1969)에 대한 글에서 이 작가들이 광기의 의식, 무-의식의 의식, 의식의 종말[27]로 접근했다고 주장하며 "절대적인 아이러니"를 이야기할 때, 그는 이미 "급진적 아이러니"("약간 아이러니한" 것이란 있을 수 없다)[28]의 후기 상황에 근접한다. 이때의 아이러니는 더 이상 비유적 표현이 아니며, "비유의 비유"는 더더욱 아니다. 그것은 드 만에게 문학의 핵심적 본질이다. 그것은 작가로 하여금 텍스트를 정복하지 못하게 하며, 독자가 단일하고 명백한 독서 규약을 소유하는 것을 불가능하게 하는 언어의 균열·중지·분열이다. 이러한 아이러니 개념의 문제점은 우리를 문학비평과 수사학 교실로 되돌려 놓는다는 것이며, 제한·금지·무능력이라는 의미에서 글쓰기의 어두운 측면들에만 집중한다는 사실이다. 드 만의 아이러니는 모든 언어적 형태와 실제적으로 일치한다. 다시 말해서 아이러니는 의도하지 않은 언어의 부산물이다. 슐레겔에게도 아이러니는 의도하지 않은 것이었으나, 동시에 그것은 절대적으로 고의적이며 의식적인 것이다.(FS 2:160; LF, 155) 드 만의 관점에서 볼 때 아이러니는 모든 모호성을 상실한다. 작가의 입장에서는 의도적인 구조이기 때문이다. 게다가 이러한 부정확한 일반화 속에서 아이러니는 도처에 산재되어 있는 것처럼 보인다.

문제의 핵심은 단순한 가부의 한계를 넘어서고자 할 경우 너무 협소해지거나 모순에 빠지지 않고 후기-니체적인 아이러니를 다루는 것이 사실상 불가능하다는 것이다. 니체의 경우에서와 같이 이러한 유형의 아이러니는 행위와 퍼포먼스, 유쾌한 지혜의 분위기 속에서

---

27) Robert Moynihan, "Interview with Paul de Man: Introduction by J. Hillis Miller," *Yale Review* 73 (1983-84): 579.

28) Paul de Man, "The Rhetoric of Temporality," in *Blindness and Insight*, 2d ed. (Minneapolis: University of Minesota Press, 1983), 216.

놀이의 논리와 게임의 규칙을 이용한 글쓰기, 곧 퍼포먼스를 통해서만이 가장 잘 표현된다. 이는 자크 데리다의 글에서도 잘 나타난다. 이러한 형식적 관점에서 볼 때 그의 텍스트는 현대의 아이러니 전통에 속하는 동시대적 대응물로 보인다. 데리다 역시 아이러니라는 말을 피하고 있고, 그의 글에 아이러니가 크게 두드러지지도 않는다. 우리가 그의 아이러니 개념에 가장 근접할 수 있는 경우는 아마도 《플라톤의 조제술》의 첫부분에 나오는 "텍스트의 가장"에 대한 논의에서일 것이다. 여기에서 데리다는 다음과 같이 말하고 있다. "최초의 것, 첫눈에 보이는 것으로부터 글쓰기의 법칙, 게임의 규칙을 숨기지 않는 텍스트는 텍스트가 아니다. 텍스트는 게다가 영원히 인식 불가능한 것으로 남는다. 그러나 그 법칙과 규칙이 접근 불가능한 비밀의 영역에 머무는 것은 아니다. 단지 지금으로서는 인식이라고 불릴 만한 형태로 기록할 수 없을 뿐이다."[29] 그러나 데리다의 글 중에서 우리 시대의 스타일과 관련하여 아이러니의 언술에 대한 가장 직접적인 논의라고 할 수 있고, 지금까지 논의한 보편적 아이러니 문제와 유사한 구조를 펼쳐 보이는 경우는 1968년에 나온 《디페랑스》[30]에 대한 글이다.

이 텍스트는 긍정과 부정이라는 슐레겔과 헤겔의 변증법적 스타일, 생명과 퇴락에 대한 니체의 생기론적 적대감과는 반대로 구조주의, 형식과 차이와 기호학적 기능을 중심으로 하고 있으며, 차이의 개념은 그러한 형식적 전통에서 직접 유래한다. 이러한 언술을 니체·프

---

29) Jacques Derrida, *Plato's Pharmacy*, in *Dissemination*, trans. Barbara Johnson (Chicago: The University of Chicago Press, 1981), 63.

30) Jacques Derrida, "Différance," in *Speech and Phenomena and Other Essays on Husserl's Theory of Signs*, trans. David B. Allison and Newton Garver (Evanston: Northwestern University Press, 1973), 129-60. 앞으로 이 텍스트는 D로 표기함.

로이트 · 하이데거의 형이상학적 또는 반–형이상학적 언술들과 연결시키면서 데리다는 "차이"의 기호학적 논의에 새로운 추동력을 제공한다. 그러나 이렇게 넓은 의미에서 볼 때 데리다의 차이 개념은 일찍이 서양 사상을 지배해 왔던 현전과 동일성의 형이상학에 대한 철학적 반대 입장을 제안하는 것으로 보인다. 그러나 그러한 접근은 처음부터 차이와 차이짓는 사고를 현전의 대안, 기존 체계에 대한 전복이나 거부로 보는 잘못된 오해를 불러일으킬 수 있다. 현전과 동일성에 대한 차이의 관계는 결과적으로 그 체계의 영역 내에 남아 있으며, 전자의 뒤바뀐 형태로 새로운 동일성과 현존을 만들어 낸다. 문제는 차이를 반대되는 어떤 것으로 보여 주는 것이 아니라 그것이 동일성의 구조라면 어디에서나 존재하는 내재적인 것이라는 점을 밝히는 것이다. 그리고 그것을 원자화가 아니라 구조의 기능으로, 의미의 박탈이나 중지가 아니라 의미의 존재 양상으로 보는 것이다. 헤겔의 변증법이나 슐레겔의 아이러니에서 내재적으로 작동하는 부정의 원리 역시 유사한 방식의 사고를 보여 준다. 이러한 작동들 모두를 완전히 알아보기 위해서는 현전과 동일성과 관련하여 우리의 언어가 필연적으로 부정과 차이의 속성을 가지고 있다는 부정적 암시에서 벗어나야만 한다. 우선적인 것과 후속적인 것이라는 의미에서의 연대기적 또는 목적론적 형태의 관계에서도 마찬가지이다.

차이에 대한 데리다의 생각은 소쉬르의 언어 이론에서 직접 고쳐되었다. 소쉬르에게 언어는 기호와 그것이 지시하는 것, 예를 들어 말과 사물, 소리와 개념의 관계가 자연스럽고 "실체적인" 것이 아니며, 필연적이지만 또한 "임의적"일 수밖에 없는 그러한 기호들의 체계이다. 다시 말해서 언어 기호는 그 자체로 자족적인 것이 아니라 체계의 요소들이며, 내용을 통해 긍정적으로 결정되는 것이 아니라 체계의 다른 요소들과의 차이를 통해 부정적으로 결정된다. 따라서 언어 기호는 자신과 다른 어떤 것이다. 이렇게 볼 때 언어는 동일성의 체계가 아니라 차이의 체계이다. 이러한 차이의 원리는 기호학이 형식적이고 차이 기능 중심적인 특성을 가지게 된 결정적인 원인이며, 현대 구조주의의 중심 원리이다. 그러나 데리다에게 "구조의 구조성"을 기능상의 구조로만 보고 그 외부의 어느것도 상정하지 않는 이러한 현대적 시도는 그것들의 목적을 달성할 수 없는 것이었으며, 결과적으로 차이들을 집중시키는 구조 외적 기반으로 되돌아가는 것이었다.[31] 예를 들어 소쉬르는 인간의 목소리라는 표현상의 실체에 특권적인 위치를 주었으며, 레비 스트로스는 고대와 원초적 사회에 특별한 위상을 부여했다. 좀더 일반적인 시각에서 우리는 서구 형이상학의 전반적인 흐름을 연속적인 구조의 중심화로 볼 수 있으며, 이러한 중심들에 붙여진 다양한 이름들을 이데아들의 세계, 신, 초월적 의식 등(*SSP*, 279-80) 형이상학 역사의 각 장들로 간주할 수 있을 것이다. 최소한 부분적으로나마 데리다의 시도는 그러한 기반의 회피 또는 구조를 순전히 하나의 기능, 작용, 무한한 기호 교환, 또는 무제한적인 경제 내에서의 차이의 드러남으로만 보고자 하는 것이라 할 수 있을 것이다.

차이의 개념은 이러한 방향을 지시하는 것 같으며, 구조의 탈중심화, 분류의 전복, 또는 의미와 기호 작용의 역전과 같은 해체적 시도는 이러한 의도를 보여 준다. 그러나 데리다의 아이디어는 결코 구조주의적인 것만은 아니며, "공간화"와 "시간화"는 차치하고라도 통제

---

31) Jacques Derrida, "Structure, Sign, and Play in the Discourse of the Human Sciences," in *Writing and Difference*, trans. Alan Bass (Chicago: The University of Chicago Press, 1978), 278-94. 앞으로 이 텍스트는 *SSP*로 표기함.

가능한 닫힌 체계 또는 "구조화된" 기호들의 개념으로부터 차별성을 보이는 다수의 거리두기와 분리의 테크닉을 가지고 있다. 차이에 대한 사고의 다양성을 강조하기 위해서 데리다는 《디페랑스》에 대한 글의 첫부분과 그 텍스트의 중간중간에서 차이가 "우리 '시대'의 가장 두드러진 특징"(D, 135-36)으로 간주될 수 있는 주제라고 말한다. 그리고 차이는 "흔히 우리 '시대'라고 부르는 시기의 사상에 가장 결정적으로 새겨져 있는 것의 분열——총합이 아니라——"(D, 130)을 볼 수 있게 해주는 주제라고 밝힌다. 그는 또한 우리 "시대"의 특징이 "현전의 존재론의 한계짓기"(D, 153)에 있다고 말한다. 차이와 관련된 이러한 생각을 표현하는 예로서 데리다는 "소쉬르의 기호학적 차이의 원리" 외에도 "니체에서의 힘들의 차이" "프로이트에서 우회의 가능성, 인상과 지연 효과" "레비나스에서 타자의 흔적의 비환원성" 그리고 "하이데거에서 존재적-존재론적 차이"(D, 153)를 인용하고 있다. 이들의 이름과 주제는 서구 현전의 형이상학의 위반이 구조주의라는 새로운 언어학과 기호학에서 뿐 아니라 우리 시대의 역사 · 철학 · 정신분석학적 담론에서도 작용하고 있음을 보여 준다. 그리고 이러한 위반과 전통에 대한 제한을 극복하는 것이 우리 시대의 특징일 수도 있음을 의미한다.

레비 스트로스에 대한 같은 시기(1966)의 글에서 데리다는 우리 시대의 경향을 중심지와 전통적 형이상학의 단일화, 질서화 원리로부터의 멀어짐이라는 유사한 이미지로 묘사했다. 그 글에서 데리다는 언제 탈중심화가 발생했느냐는 우리의 질문에 이러한 현상을 가장 가시적으로 보여 주는 특별한 "사건," 독트린, 또는 어느 작가를 상정하는 것은 순진하기 이를 데 없는 일이라고 답한다. 왜냐하면 이 현상의 발생은 분명 어느 한 시대, 아마도 우리 시대의 전체적 경향의 일부분이지만 그것은 "항상 언제나" 있어 왔으며 작용해 왔기 때문이다. 그럼에도 불구하고 단순히 일종의 지침으로서 몇몇 사상가들의 이름을 요구한다면, 그리고 "그들의 언술에서 이러한 현상이 급진적인 형태에 가장 가깝게 드러났던 작가들"을 회상해 본다면, 우리는 의심할 바 없이 다음의 세 사람을 들어야 할 것이다. 우선 우리는 "놀이, 해석, 기호(진리의 현전이 부재하는)라는 개념으로 대체된" 니체의 "형이상학 비판, 존재와 진리의 개념 비판"을 들 수 있다. 두번째로는 프로이트의 "자기-현존의 비판, 즉 의식, 주체, 자기-정체성과 자기-근접성 또는 자기-소유에 대한 비판," 그리고 세번째로는 하이데거의 "형이상학, 존재-신학, 현존으로서의 존재 결정의 파괴"(*SSP*, 280)를 들 수 있을 것이다.

그러나 형이상학의 극복에 대한 데리다의 개념은 그의 현전과 동일성에 대한 관계에서의 구조주의적 차이 개념과 같이 조심스러운 태도를 요구하며, 그것은 마지막 분석에서 보면 결국 같은 현상을 역사적 형태를 달리 표현한 것에 불과한 것이 된다. 이러한 형이상학의 극복 또는 변형은 닫힘과 종말 사이의 미묘한 구별에 의존하고 있다. 닫힘의 위반에 내포되어 있는 것——형이상학의 종말, 철학의 종말, 인간의 종말——은 지극히 무한히 지속될 수 있다. 이 움직임의 시작과 관련하여 그것이 "이미 언제나" 있어 왔으며 작용해 왔음을 살펴보듯이 닫힘이라는 의미에서의 위반은 형이상학을 넘어선 어떤 곳에 도달하는 것이 아니라 형이상학의 지배하에서 끊임없이 계속된다.

그러나 동일성과 관련한 차이의 구조주의적 모델과 현전의 형이상학 위반에 대한 역사적 이미지 너머에 언어, 철학적 담론, 글쓰기에서 차이의 기능을 보여 주는 의미론적 측면과 관련된 차이를 추적하는 제3의 방법이 있다. 엄밀히 말해서 우리는 지금 우리의 언어로는 표현할 수 없는 영역을 향하고 있다. 차이를 묘사하기 위한 거의 모든 말이나 개념들, 특히 간극·분리·지연 같은 용어들은 데리다가 탈중심화·해체화시키려 하는 동일성과 자기-현전의 철학에 의존하고 있다. 따라서 차이는 슐레겔이 아이러니의 특징들 중 하나로 제시했던 "완전한 의사 소통의 불가능성과 필요성"의 가장 설득력 있는 실례인 것으로 보인다. 이러한 언어상의 부적당함——편의상 부정적인 명칭을 사용하자면——은 데리다에게 또 다른 차이의 기호일 뿐이다. 이러한 관점에서 보았을 때 언어는 말하는 주체로부터 유래하는 것이 아니며, 그 주체가 결정할 수 있는 것도 아니다. 오히려 주체는 언어에 표기되어 있으며, 언어 기능의 하나로서 차이의 전개에 따르는 게임의 일부분이다.

데리다는 차이를 지칭하는 문제와 관련해서 자신이 무한궤도에 빠져 있으며, 현전과 동일성의 문제에서 결코 벗어날 수 없으리라는 것을 잘 알고 있었다. 그의 언어가 그것을 허락하지 않을 것이기 때문이다. 그러나 형이상학을 흔들고자 한다면 형이상학의 개념들을 포기할 수도 없는 일이었다. "이 역사에 전혀 새로운 언어는 없다. 문장도 어휘도 없다"고 데리다는 말한다. "대항하고자 하는 형태, 논리, 은밀한 가정들 속에 이미 미끄러져 들어가 있지 않은 해체적 의도를 말하는 것은 불가능하다." 사실 형이상학과의 공모를 유지하지 않은 채 "기호"라는 말을 사용하는 것조차 불가능하다. 왜냐하면 기호는 언제나 "어떤 것의 기호"를 의미하며, 따라서 그 기호가 전복시키고자 하는 현전의 철학을 재확립시키기 때문이다. 이러한 개념들은 결코 고립된 요소들, 독립적인 원소들이 아니라 문장 구조와 시스템에 통합되어 있다. 그 어느 한 가지를 빌려 오면 형이상학 전체가 불려 나온다.(*SSP*, 280-81) 이것이 묶임, 이중의 놀이를 요구하는 이중의 묶임,

이중의 몸짓이 이루어지는 자리다. 데리다의 글이 현대의 담론에서 아이러니를 연장하고 재구성하는 것은 바로 이러한 테크닉들 때문이다.

4
아이러니와 자기-지시성

일반적인 관점에서, 그리고 구체적인 역사적 시간과 무관하게 보자면 아이러니의 가장 핵심적인 문제들의 영역은 자의식적인 말하기와 글쓰기이며, 진리와 관련하여 언어의 형태로 표현하고 소통하며 이해하는 문제들과 관련되어 있다. 아이러니한 방식의 표현은 다양한 언어상의 전략들을 통해 언어로 표현할 수 없는 것을 간접적으로나마 구체화시켜 일반적인 언술과 직접적인 말의 한계를 넘어서려는 시도, 직접적인 의사 소통의 한계 너머에 도달하려는 시도라고 할 수 있다. 그러나 이러한 태도는 자동적으로 일반적인 이성과 이해를 방해한다. 물론 이것은 반드시 아이러니스트의 의도에서 온 것이라기보다 어느 정도는 그의 주장이나 의도와 상관없이 관련되어 있는 것으로서 대중들도 거의 예외 없이 그렇게 받아들인다. 소크라테스가 그런 인물들 중 최초의 예였다.

아이러니한 의사 소통을 통해 이루어지는 이성과 합리성의 암묵적인 비판 역시 현대에 들어서 대단히 심각한 비판을 불러일으켰다. 헤겔은 아이러니를 허황하고 파괴적인 것이라고 비판했을 뿐 아니라 이러한 태도를 악의 최종적인 화신, 심연에서 출현한 괴물로 묘사하기 위해서 묵시론적 이미지를 동원하기도 했다. 니체의 반대자들도 니체

철학에 대한 그들의 비판적 논의보다는 니체 사상을 결정적으로 축소하고, 그의 텍스트에 나타난 풍부한 모호성과 무한한 반영을 제거하는 데 전념한다. 그리고 그의 스타일의 다양성을 습관적인 철학자, 권력에의 의지를 자기 사상의 궁극적 결과물로 공언하는 "마지막 형이상학자"의 스타일로 폄하한다. 데리다의 경우 그 반응은 실천 중심의 마르크스식 비평보다 지속성, 경계를 넘어서는 동의, 불연속적이고 분절된 아이러니한 의사 소통으로 대체되어 버린 토론자들간의 만장일치의 부재 등에 대한 해석학적 분노에서 더 명백하게 드러난다.

이러한 비판을 진술하고 있는 그 특정한 비난은 이성과 철학에 대한 모든 통합적 비판에 필연적으로 암시되어 있는 수행상의 자기-지시적 모순에 대한 것이다. 절대적인 방식으로 이성과 철학을 비판하다 보면 필연적으로 이러한 비판의 아래로부터 그 근간을 무너뜨릴 수밖에 없으며, 그 자체가 또한 이성과 합리성의 표현인 이 비판을 부정해야만 한다. 쉽게 알 수 있듯이 이러한 비난은 이성과 형이상학 비판에 대한 해체적 방식에 반대할 뿐 아니라 모더니티의 회의적이고 아이러니한 담론 전체에 반대한다. 특징적으로 아이러니한 언술 자체는 그 자아 반영적 특성으로 인해서 끊임없이 반복되며 자기 지시적 본성에 대해 비판적이고 가치 폄하적인 기능을 수행한다. 그것은 우리의 존재가 언어에 기입되어 있다는 사실, 우리가 언어에 의해 잠재적으로 결정되어 있다는 사실을 통해 우리에게 부과된 이율배반과 자기 모순을 유희의 대상으로서 특별히 애호하는 경향이 있다. 언어에 구속되어 있다는 사실에 대한 자아 비판적 의식은 낭만주의 시대 이후로 모더니티의 특징이었으며, 니체에 이르러 다시 첨예한 단계에 도달했다.[1] 이러한 언술의 대표자들로 선택된 슐레겔 · 니체 · 데리다는 그들 자신의 텍스트에서 그들의 아이러니에 대한 자기-지시적 암시를 구체화시킨다. 그리고 이를 통해서 슐레겔이 "아이러니의 아이러니"(*FS* 2:369)[2]라고 정의했던 것을 성취한다. 전력을 다해 권력에의 의지를 궁극적인 리얼리티로 환원시킨 후 니체는 조롱하듯이 묻는다. "만약 이것이 단지 하나의 해석에 불과하고 당신이 이에 대해 필사적으로 반대한다면, 그것 또한 괜찮은 일일 것이다."(*FN*, 5:37; *GE*, 30-31)[3] 형이상학과 해체주의 사이의 의도하지 않은 공모 관계에 대한 데리다의 생각도 유사한 관점에서 보아야 할 것이다.

---

1) Constantin Behler, "Humboldt's 'radikale Reflexion über die Sprache' im Lichte der Foucaultschen Diskursanalyse," in *Deutsche Vierteljahresschrift* 63 (1989), 1-24; Josef Simon, "Grammatik und Wahrheit," *Nietzsche-Studien* 1 (1972): 1-27.

2) Friedrich Schlegel, *Kritische Ausgabe seiner Werke*, ed. Ernst Behler, Jean-Jacques Anstett, Hans Eichner 외, 35 vols. (Paderborn-München: Schöningh, 1958-). 앞으로 이 텍스트는 *FS*로 표기함. 번역본인 Friedrich Schlegel, *Lucinde and the Fragments*, trans. Peter Firchow (Minneapolis: University of Minnesota Press, 1971)도 *FS*로 표기함.

3) Friedrich Nietzsche, *Kritische Studienausgabe*, ed. Giorgio Colli and Mazzino Montinari, 15 vols. (Berlin: de Gruyter, 1980). 앞으로 이 텍스트는 *FN*으로 표기함. 다음과 같은 번역본을 사용했음. Friedrich Nietzsche, *The Birth of Tragedy and the Case of Wagner*, trans. Walter Kaufmann (New York: Random House, 1967); Friedrich Nietzsche, *Untimely Meditations*, trans. R. J. Hollingdale (Cambridge: Cambridge University Press, 1986); Friedrich Nietzsche, *Daybreak*, trans. R. J. Hollingdale (Cambridge: Cambridge University Press, 1982); Friedrich Nietzsche, *The Gay Science*, trans. Walter Kaufmann (New York: Random House, 1974); Friedrich Nietzsche, *Beyond Good and Evil*, trans. Walter Kaufmann (New York: Random House, 1966); Friedrich Nietzsche, *On the Genealogy of Morals: Ecce Homo*, trans. Walter Kaufmann and R. J. Hollingdale (New York: Random House, 1969); Friedrich Nietzsche, *Twilight of the Idols: The Anti-Christ*, trans. R. J. Hollingdale (New York: Penguin Books, 1968).

1

차이의 문제, 특히 《디페랑스》[4]에 대한 글을 살펴보면 무엇보다도 **차이짓다**라는 동사가 라틴어뿐 아니라 프랑스어에서도 차이짓다와 연기하다라는 두 가지 의미를 가지고 있음을 알게 된다. 따라서 그 동사가 지칭하는 차이는 기본적으로 서로 다른 두 가지 함축된 의미를 가진다. "한편으로 그것은 구별, 비동등성, 구별 가능성과 같은 차이를 지칭하지만 또 한편으로 연기의 끼어듦, 현재로서는 거부되고 있는 것, 현재로서는 불가능하지만 가능한 것을 '이후'까지 연기시키는 **공간화**와 **시간화**의 간극을 의미한다."(*D*, 129) 데리다는 "디페랑트(différante)"의 현재 분사에서 온 철자 *a*를 이용해서 청각적으로 차이가 없으나 시각적으로는 철자상의 실수를 명백히 보여 주는 "디페랑스(différance)"라는 명사를 만들어 내고 있다. 두 가지 의미로서의 차이, 즉 "공간화/시간화로서, 그리고 모든 분열을 구조화시키는 운동으로서"의 차이를 지칭하고자 하는 것이다. 다시 말해서 연기로서의 차이와 구별로서의 차이 말이다.(*D*, 129-30, 136-37) 따라서 제목과 그 이후의 논의에서 계속 등장하는 그 괴이한 단어의 철자 *a*는 인쇄상의 실수가 아니라 차이가 정상적인 경우보다 더 많은 것을 의미하도록(*D*, 129) 데리다 자신이 고의로 끼워 놓은 것이다.

그러나 이렇게 해서 만들어진 것은 "단어도 아니고 개념도 아니다."

---

4) Jacques Derrida, "Différance," in Jacques Derrida, *Speech and Phenomena and Other Essays on Husserl's Theory of Signs*, trans. David B. Allison and Newton Garver (Evanston: Northwestern University Press, 1973), 129-60. 앞으로 이 텍스트는 *D*로 표기함.

(D, 130) 디페랑스의 본질과 그 다양한 구조를 개괄하다 보면 결국 그것의 본질은 "드러날 수 없는 것"이라는 점을 발견하게 된다. 우리는 단지 어떤 순간에만 현존하는 것으로 나타나는 것, "현존의 진리 또는 현존의 현전"(D, 134)으로 나타내어지는 것만을 드러낼 수 있기 때문이다. 그러나 디페랑스는 "존재도 본질도 아니며" 부정의 신학 같은 방식으로 정의되지도 않는다. 사실 그것은 "모든 존재론적 또는 신학적——존재-신학적——재전유의 형태로 환원될 수 없다." 오히려 그것은 "존재-신학——철학——이 그 체계와 역사를 만들어 내는 바로 그 공간을 열어 놓는다."(D, 134-35) 이러한 현상은 디페랑스에 비논리적 구조를 제공해 주었듯이 이성적인 인과 관계 내에서 그 내용을 전개하는 데 있어 질서 있는 언술과 과정을 모두 거부하며, "일련의 논리적-철학적 언어"를 더 이상 허용하지 않을 뿐 아니라 "논리적-경험적 언어"마저도 허용하지 않는다. 이러한 일반적인 철학적 접근의 대안들 너머에 남아 있는 것은 놀이 활동이며, 디페랑스의 잠재적 측면들을 개괄할 수 있는 한 가지 방법은 실제로 놀이 개념 속에서 기호학적 차원들을 주장하는 것이다.

고전적인 기호학에서 기호의 유희적 특성은 "현전의 권위"에 의해 제거된다. 기호는 단지 사물을 대체하는 것일 뿐이며, 따라서 부차적이고 임시 방편적인 것일 뿐이다. 기호는 부차적이다. 왜냐하면 기호는 "본래의 것 이후에 오며 현전을 상실한" 것이기 때문이다. 그리고 그것은 "최종적이고 잃어버린 현전과 관련해서"(D, 138) 임시 방편에 불과하다. 그러나 소쉬르의 새로운 언어학에 근거해서 데리다는 다음과 같이 말할 수 있다. "모든 개념은 필연적으로, 그리고 본질적으로 연결고리 또는 체계 속에 기입되어 있다. 그 안에서 개념은 차이들의 체계적 유희를 통해 하나의 다른 개념과 그것과 또 다른 개념들을 표현한다."(*D*, 140) 이러한 관점에서 볼 때 디페랑스는 차이들의 유희, "유희들의 운동"이다. 이 유희의 효과들 또는 그 산물들은 "주체나 본질, 일반적인 한 사물 또는 어딘가에 존재하면서 그 자신은 차이의 유희에서 벗어날 수 있는 존재"의 결과가 아니다. 그것들은 오히려 "흔적들"로서 그것들의 문맥에서 추려낼 수도 없고, 디페랑스의 상호작용에서 벗어날 수도 없는 것들이다.(*D*, 141)

이러한 효과들이 "현전의 무대 위에" 등장하면 항상 그것들은 자신이 아닌 다른 것들과 관련된다. 이러한 효과, 이러한 흔적은 "과거의 요소의 표식을 유지하며 이미 미래의 요소와의 관계를 나타내는 표식에 의해서 스스로 공허한 것이 된다."(*D*, 142) 따라서 그 현전은 "현전하지 않는 것, 궁극적으로 현전하지 않는 것"(*D*, 142-43)과의 관계를 통해서 구성된다. 현재 이 상황에서 작용하고 있는 차이들의 상호작용을 좀더 완전히 이해하려 한다면 과거와 미래를 "수정된 현재"로 잘못 이해해서는 안 되며, 미래와 마찬가지로 과거로부터 현재를 분리하는 "간극"을 간과해서는 안 된다. 이 간극은 또한 "현재 그 자체"를 나누고 "현재와 함께, 바탕으로 상정할 수 있는 모든 것, 즉 모든 존재, 특히 우리의 형이상학적 언어를 위한 실체나 주체"(*D*, 143)마저도 나누어 놓는다. 간단히 말해서 디페랑스의 시점에서 볼 때, 현재는 "'시원적(始原的)'인 것이며 환원될 수 없을 정도로 단순하지도 않은 것, 따라서 엄격한 의미에서 흔적들, 보존들, 연장들의 비시원적인 종합"(*D*, 143)으로 보아야 한다. 디페랑스는 결코 "현존하는 것, 존재 가능한 어떤 것, 힘, 상태, 세계의 권력 등 우리가 붙일 수 있는 어떤 종류의 이름들, **어떤 것** 또는 **주체**로서의 현존재, 어떤 **누구**"로부터(*D*, 145) 유래하는 것이 아니다.

결국 우리는 디페랑스가 기원이 없는, **아르케**(arche)가 없는(*D*, 145-

46) 것이라는 개념에까지 이르렀다. 앞에서 우리는 디페랑스의 요건에 따르면 본래적인 것과 부속적인 것의 관계가 주체와 그 언어 사이에서 상정될 수 없으며, 언어는 말하는 주체의 기능이 아니라 오히려 주체가 언어 속에 기입되어 있다는 것을 알았다. 기호학의 모든 것과 관련해서, 그리고 "디페랑스라는 주제와 양립할 수 없는 형이상학적 가정들을 보유한"(*D*, 146) 모든 기호의 개념들과 관련해서 이 기원의 제거, **아르케**의 제거는 계속 유지되어야 한다.

그러나 한 가지 의문이 남는다. 말과 지시 작용을 통해 차이들의 영역에 들어서기 전 단계에서 주체는 "침묵과 직관적인 의식 속에서"(*D*, 146) 현전과 현존을 즐기지 않을까라는 의문 말이다. 언어와 기호 이전의 의식이라면 "현존, 존재에 대한 자기 인식" "살아 있는 현재"(*D*, 147)가 허용될 수 있을 것이다. 데리다는 말한다. "이러한 특권은 형이상학의 정기(精氣)이며, 형이상학의 언어에 갇혀 있는 한 우리 사고의 구성 요소이다." 그런데 우리 시대에 들어서서 초월적 현상학이라는 계획하에 이 문제를 가장 직접적으로 다루었고, 가장 열렬하게 순수 의식의 구조를 연구한 사람은 후설이었다. 이러한 입장을 해체하기 위해서는 현전과 특히 의식("의식의 바로 옆에 있는 존재 자체")이 "결정," 하나의 "효과," 즉 어떤 체계 속에서 "현전이 아니라 디페랑스의 효과"라는 것을 보여 주어야 한다. 데리다는 이 작업과 관련하여 현전의 체계는 너무나 긴밀하여 단순히 이런 식의 제안은 "계속해서 바로 그것의 어휘에 의해 제약되는 것일 뿐"(*D*, 147)이라는 사실을 덧붙여 말하고 있다.

여기에서 우리는 데리다 자신이 후설, 초월적 현상학, 순수 의식[5]

---

5) *La voix et phénomène* of 1967.

등에 중점을 두었던 초기의 연구에서 이 문제를 해결하려 하고 있음을 알 수 있다. 데리다의 후설 비판의 요지는 초월적 현상학의 기본원리, 즉 "살아 있는 현재" 속에서 공간과 시간을 초월한 의미의 자기-표현이 더 이상 의미 없는 것이 되어 버렸다는 데 있다. 그것은 비유적 특성, "의식의 흐름"과 "내적 시간," 이러한 경험들 속에 암시되어 있는 모든 비-현재적 관계, 즉 삶에 씌어진 죽음뿐 아니라 현재에 기입되어 있는 비-동일성 때문이다. 그러나 언어, 시간, "삶의 세계"와 무관한 초월적 의식이라는 개념은 후설 자신에게조차 상당한 문젯거리였음을 덧붙일 필요가 있을 것이다. 사실 데리다의 후설 비판에서 가장 핵심적인 것은 순수한 자기-현존이라는 오래된 형이상학적 꿈과 후설의 현상학적 연구를 통해 얻어낸 실제 결과 사이의 불일치를 지적했다는 점이다.

디페랑스에 대한 논의의 이 지점에서 데리다는 기호학적인 언술을 버리고, "의식의 자기 확신적인 태도에 의문을 품고" 독자적인 방식으로 완전히 다른 형태의 철학적 논의를 통해 의식과 관련된 디페랑스의 개념에 도달했던(D, 148) 니체와 프로이트에게로 방향을 돌린다. 니체는 "가장된 것의 회피와 계략"에 대한 "적극적인 해석," 그리고 "물 자체의 현존의 표현으로서의 진리"를 "끝없는 해독"(D, 149)으로 대체함으로써 이러한 전환을 이룩했다. 니체의 끝없는 해독 또는 무한한 해석의 결과는 "진리가 부재하는 암호표 또는 최소한 진리 가치들에 지배되지 않는 암호표들의 체계"(D, 149)이다. 니체에게 디페랑스는 "서로 다른 힘들간의 '적극적인' (운동상의) 부조화, 힘들의 차이의 부조화이다. 니체는 이 부조화를 문화와 철학 · 과학을 통제하는 형이상학적 문법 체계 전체에 대비시킨다."(D, 149)

프로이트의 경우 의식으로서의 현전의 우선이라는 문제는 "의식의 권위 문제"를 특정한 방식으로 비틂으로써 드러난다. 디페랑스에 내재한 차이의 두 가지 의미, 즉 구별로서의 차이와 지연으로서의 차이는 흔적, 우회, 위반, 기억, 기입, 검열되지 않은 말, 연기 등의 개념에서 명백히 드러나듯이 "프로이트의 이론 속에서 연결된다."(D, 149-50) 데리다는 프로이트가 《쾌락 원리를 넘어서》에서 발전시킨 개념인 에고의 자기 보존 본능이 잠시 동안 쾌락 원리를 현실 원리로 대체하도록 자극하는 우회 전략에 눈을 돌린다. 프로이트의 주장에 따르면 "이 후자의 원리는 궁극적으로 쾌락을 얻고자 하는 의도를 포기하지 않는다. 그럼에도 불구하고 쾌락을 향한 간접적인 긴 여로에서 만족을 연기하고, 만족을 얻을 수 있는 여러 가능성들을 포기하면서 잠시 동안의 불쾌함을 참으라고 요구한다."(D, 150)[6] 물론 우리는 죽음을 연기시킴으로써 자신을 보호하는 생명의 운동 또는 기억 활동, 나아가 문화 작용에서조차 지연·연기의 모델을 찾아볼 수 있다. 그리고 정신에 대한 프로이트의 구조주의적 모델을 바탕으로 한 프로이트식 문맥에서 이와 유사한 디페랑스의 모습들을 접하게 된다.

그러나 디페랑스의 경제적 운동이라는 프로이트의 입장을, 연기되었던 현전이 항상 회복되며 "단지 일시적으로 그리고 어떤 손실도 없이 현전의 재현을 연기시키는 투자에 가까운"(D, 151) 헤겔의 변증법과 같은 의미로 해석해서는 안 된다. 헤겔의 체계는 "무제한의 소비, 죽음, 난센스와는 무관한" 형태의 "제한된 경제"의 하나이다. 반면 프로이트의 경우 그 무제한적인 성격의 디페랑스는 "잃는 자가 이기고, 이기는 자가 동시에 지게 되는 게임"(D, 151)이다. 프로이트의 무의식

---

6) Sigmund Freud, "Jenseits des Lustprinzips," in *Sigmund Freud, Studienausgabe* (Frankfurt: Fischer Taschnbuch, 1982), vol. 3, 219-20.

은 "실제적이고 숨어 있는 자기-현존의 잠재력을 가진 것"이 아니다. 그것은 어딘가에 존재하면서 "명령하는 주체"도 아니고, "단순한 현재의 변증법적 혼합"도 아니다. 그것은 "급진적인 변이체," 즉 "나타난 적이 없었고 앞으로도 나타나지 않을 '과거'"이며, "결코 '미래'를 생산하지 않는, 또는 현존의 형태로 재생산되지 않는 곳"(*D*, 152)일 뿐이다.

2

데리다가 보여 주는 디페랑스에 대한 이러한 다양한 사고 중에서 의문스러운 것은 "현존 또는 존재함 내에서 존재를 결정하는 것"(*D*, 153) 즉 모든 존재들의 확인 가능한 근거, 그 결정 원리라는 의미에서의 존재함의 문제이다. 이러한 문제는 거의 즉각적으로 존재론적 차이, **존재**와 존재들의 차이로 표현되는 "하이데거식 성찰"(*D*, 153)에서처럼 "디페랑스가 존재적-존재론적 차이의 펼쳐짐 속에 자리할 수 있는지"의 여부 문제로 이어진다. 《존재와 시간》(1927) 이후 하이데거가 주장했었듯이 모든 존재들을 있게 하는 근거로서의 유일한 **존재**(Being)와 다양한 **존재들**(beings)의 구별은 서구 형이상학에서 가장 일반적이고 보편적인 전제 조항이었으나, 이에 대한 의문은 제기된 적이 없었다. 서구 형이상학의 모든 기념비적 건축물들은 이 토대 위에 세워졌다. 하지만 하이데거에 따르면 이것이 너무나 빈약한 기반이라서 그 위에 지어진 건물들은 모두 금이 간 듯이 보인다. 하이데거에게 **존재**와 존재들 간의 이러한 존재론적 차이에서 가장 의문스러운 측면은 이 차이에 근거한 **존재**의 개념은 필연적으로 워낙 모호하고 추상적이기 때문에 **존재**에 대한 가장 일반적인 것들만 진술될 수 있다(*HN* 4:157)[7]는 것이다. 다시 말해서 **존재**는 사유되는 대신 우리의 사고의 대상으로부터 제외되며, "망각 자체가 자신의 소용돌이 속으로 빨려들어가 버리는"(*HN* 4:193) 무한한 속성을 가진 잊혀짐과 망각의 과정 속에 위치하게 된다.

하이데거에게 이 문제는 서구에서 가장 중요한 사건이며, 이 문제에 직면해서 그는 오랜 글쓰기 작업을 통해 계속해서 자신의 당혹스러움을 표현했다. "서구 사상사에서 그 개념의 최초 형성 이후로 존재들의 **존재**에 대한 사고는 있었으나 존재의 **존재**에 대한 진실성은 사고되지 않은 채 남아 있다. 사고 가능한 것으로 생각하지 않아서 거부했을 뿐 아니라 형이상학으로서의 서구 사고는 뜻하지 않게, 그러나 분명 이러한 거부의 발생을 숨기고 있다."(*HN* 3:189-90) 이 거부를 숨기지 않는다면 우리는 형이상학의 형태들을 연이어 세워 나가는 그 바탕들이 사실상 **"전혀 바탕이 아니라는"**(*HN* 4:163) 사실을 인정해야 할 것이다. 서구 사상의 "존재론적 차이"에 대한 하이데거의 이러한 강조는 그로 인해 발생하는 모든 관련 사상을 제거하는 작업과 긴밀히 연관되어 있다. 그의 이러한 계획은 《존재와 시간》에서 "존재론의 역사의 현상학적 파괴" 즉 형이상학의 파괴라는 제목에서 처음 개괄적으로 나타난다.[8] 이러한 시도에 나타난 하이데거의 계획은 데리다의 형이상학 파괴와 직접적으로 연결되어 있다. 두 경우의 형이상학 비판은 결코 우리 전통의 파괴와 폐기가 아니라 우리 사상이 세워진 기반들을 분해하고 되돌아보며 들추어 내는 것을 의미한다.

---

7) Martin Heidegger, *Nietzsche*, trans. David Farrell Krell and others, 4 vols. (San Francisco: Harper and Row, 1979-85). 앞으로 이 텍스트는 *HN*으로 표기함.

8) Martin Heidegger, *Sein und Zeit*. 15th Edition with the Author's Marginal Notes (Tübingen: Niemeyer, 1979), 19-27.

데리다는 형이상학에 대한 비판에서 하이데거의 혁신적 역할에 여러 번 경의를 표하였으며, "하이데거의 문제 제기가 없었다면" 자신의 연구는 불가능했을 것이라고 강조했다. 특히 "하이데거가 **존재**와 존재들 사이의 차이라고 불렀던 것, 철학적으로 사유된 적이 없이 남아 있었던 존재적-존재론적 차이에 대한 관심"이 없었다면 말이다. 형이상학 비판에 대한 하이데거와의 유사성 때문이기도 하지만, 그렇다 하더라도 데리다는 "다른 것과 마찬가지로 동질적이지도 연속적이지도 않으며, 문제의 결과 역시 동일하지 않은 하이데거의 텍스트 속에 형이상학 또는 그가 존재신학이라고 불렀던 것의 속성을 지닌 기호들을 위치"시키려 노력했다. 데리다에게 하이데거를 지배하고 있는 형이상학의 이러한 문제들 중에서 "존재적-존재론적 차이로서의 궁극적인 차이의 결정"은 "특이한 방식으로 형이상학의 영역 속에 위치하는 것"[9]으로 보였다.

형이상학 비판의 이 핵심적 측면을 좀더 확실하게 드러내기 위해서는 하이데거가 망각, 존재의 잊혀짐이라는 개념을 구조적인 것과 역사적인 것의 두 가지 형태로 전개시켰다는 사실을 덧붙여야 할 것이다. 첫번째 것은 현상학, 초월적 해석학을 바탕으로 수행되며 초기 저작, 특히 《존재와 시간》의 특징인 "존재의 분석(Dasein)"으로 이루어져 있다. 그러나 이 계획은 하이데거의 사상의 전환(Kehre)에 따라 변경되었다. 그가 현상학, 초월주의, 해석학 그 자체는 "존재론의 역사"에 속하며, "따라서 그 역사를 '파괴'하거나 되돌릴 수 없다"[10]는 사

---

9) Jacques Derrida, "Implications," in *Positions*, trans. Alan Bass (Chicago: The University of Chicago Press, 1981), 9–10.

10) Martin Heidegger, *The End of Philosophy*, trans. with an introduction by Joan Stambaugh (New York: Harper and Row, 1973), ix.

실을 점차적으로 깨달았기 때문이다. 형이상학을 파괴하고자 하는 계획이 하이데거가 말하는 형이상학으로서의 **존재**의 역사라는 용어로 수행되었던 것은 바로 이 때문이다. 형이상학으로서의 존재의 역사는 역사 외부의 위치, 자기-지시성이 부재하는 위치를 허용하는 듯이 보였다. 하이데거의 니체 강의는 이 주제에 대한 가장 결정적인 텍스트이다.

이러한 관점에서 존재들의 진정성으로서의 **존재**는 "필연적으로 역사적"이며, "항상 그것을 즐기고 의지하며 소통하고 따라서 보호받도록 해주는 인류를 요구한다."(*HN* 3:187) 그런데 이는 인간의 역사가 시간의 흐름에 따라 진행되거나 계몽주의의 해방이라는 의미에서와 같은 인류 역사의 역동적이고 발전적인 특징 때문은 아니다. 이것은 "각각의 경우에 따라 인류가 존재들의 진정성 한가운데에서 그 주어진 존재 방식과 관련한 결정을 수용"하기 때문이다. 또한 인류가 "형이상학으로 전이"되기 때문이며, "형이상학이 전체로서의 존재들과 관련하여 인류를 진리 속에 있게 하고 **유지하게** 하는 한 한 시대의 바탕을 마련해 줄 수 있는 것은 형이상학뿐이기"(*HN* 3:187) 때문이다. **진리**의 역사적 발생은 항상 그러한 인류로부터 특정한 사상가(플라톤·데카르트·라이프니츠·칸트·헤겔·니체)를 요구하며, 부름을 받은 사상가는 보존되어 온 진리를 수용하고 "형이상학의 단일한 본질이 스스로를 계속해서 펼쳐내고 재구성하는"(*HN* 3:187-88) 방식을 계속 수행한다. 존재의 역사에 대한 이 후기 주제가 바로 하이데거를 철학의 종말에 대한 포스트모던한 논의에 직접 연결시킨다. 그러나 하이데거에 대한 데리다의 시각 속에는 그의 다양한 특징을 그대로 유지하려는 노력이 깃들어 있으며, 하이데거 언술 전체의 모호한 태도를 항상 염두에 두고 있다.

현재 논의에 대한 목적을 위해서라면 하이데거의 형이상학으로서의 **존재**의 역사에 관련된 중심 내용만 잠시 더 살펴보는 것으로 충분할 것이다. 예를 들어 파르메니데스로 시작하는 서구 역사의 초기에 "존재하다(einai)"라는 조동사는 "**존재**(to einai)"라는 명사가 되었으며, 따라서 하나의 개념이었다. 그러나 플라톤이 이 **존재**를 모든 존재들의 기반이자 근간으로 구별하기 시작하면서 가장 획기적인 발전이 뒤따른다. 플라톤이 구별한 이 존재들의 **존재**(ontōs on, Sein des Seienden)는 하이데거가 서구 형이상학의 흐름에서 가장 중요시하는 바로 그 존재론적 차이였다. 선재하는 것과 후재하는 것, 주된 것과 부수적인 것, 바탕과 표면 등으로 나누거나 존재를 두 가지의 영역, 두 가지의 세계로 구분했을 때 암시되는 사항들이 모두 이 최초의 구별에 기입되어 있다. 플라톤은 그 **존재**의 진정성을 이데아로 결정했고, "적절한 것, 그 자신과 다른 것을 위해 선한 것, 다른 것을 가치 있게 하는 것"(*HN* 4:169)이라는 **아가톤**(agathon)의 개념으로 그것을 특성화했다. 이러한 생각에는 가치 개념이 암시되어 있다. 이때부터 서구 형이상학은 이상주의 · 플라톤주의가 되었으며, 그 이전의 형태마저 "플라톤 이전"(*N* 4:164)으로 묘사되었다. 부유하게 태어나 상류 계층에 속했던 플라톤은 존재들의 **존재**를 이데아로 규정하고, 여기에 선의 속성을 부여함으로써 정신 대 물질, 영혼 대 육체, 음성 대 문자 등으로 차별하며 존재론적 차이에 가치를 삽입시켰다.

존재와 존재들을 구분한 이후 철학적 사유는 현존하는 어떤 것, 객관화시킬 수 있고 확인 가능하며 조작 가능한 것으로서의 "**존재**란 무엇인가?"라는 문제에 더욱더 열중했고, **존재**로서의 **존재**(to on hē on, Sein als Sein) 문제는 침묵 속에 남겨졌다. 구체적인 어떤 것을 위해서 **존재**를 억압하는 방식은 스스로 능력을 부여하는 존재로서의 주체를 인식의 원천, 과학적이고 기술적으로 존재를 지배하는 근거이자 그 주인으로 보는 입장과 보조를 같이했다. 데카르트와 칸트는 플라톤의 이데아를 인간의 인식으로 변형시켰고, 초월적 주체성을 존재들을 위한 가능성의 조건으로 만들었다. 주체성이라는 운명적인 개념은 서구 사상을 지배했고, 모든 것을 인간화시켰으며, 신인동형론(神人同形論)적 시각을 강화했다. 그리고 마침내 헤겔과 니체는 각각 두 가지 요소에 따라 인간의 주체성이라는 개념을 더욱더 강화시켰다. 헤겔은 사유적-변증법적 형태에 따라 이성성을 결정적 원리로 만들었으며, 니체는 잔인성과 수성(獸性)을 주체성의 절대적 본질로 만들었다.(*HN* 4:148) 점차적으로 **존재**가 사라지면서, 즉 **존재**의 잊혀짐과 함께 이러한 과정은 현재 철학의 종말, 구세계의 종말을 향하고 있으며, "미국의 시대"의 기술과 인공두뇌학 속에 침몰되어 가고 있다.

때로 하이데거는 존재들의 **존재**에 대한 전통적인 문제를 "**존재**의 진정성"(*HN* 3:191) 문제로 전환시키는 것을 목적으로 한 휴머니티의 먼 목표를 제시한다. 그는 스스로 횔덜린의 시적 언어, 소크라테스 이전의 사유 또는 자신의 예언적인 표현 등 **존재**에 대한 존재들의 지배에 의해 훼손되지 않은 언어, 따라서 **존재**를 지칭할 수 있고 **존재**와 결합될 수 있는 희망을 제공해 줄 수 있는 최종적인 언어를 통해서 자신이 의도하는 사유의 전환을 촉진시켜 보고자 했다. 그러나 이 작업은 하이데거에게 "현대 시대의 증명 가능한 사건들과 상황들"로부터 무한히 떨어져 있는, 역사의 "가장 멀리 떨어져 있는 목적지"로 남아 있고, 세계의 다른 시대인 "또 다른 역사의 역사적 장구함"(*HN* 3: 191)에 속해 있다. 이 서로 다른 시대들 사이에 놓여 있는 오랜 시간의 간격 속에서 사람들은 계속해서 "형이상학적으로" 사고하며, "형이상학의 체계들"을 만들어 낼 것이다. 하이데거는 대체로 이 전환기를 수평화, 균일화의 시기라는 다소 우울한 용어로 묘사한다.[11] 그러나 이 우울한 분위기 속에서도 하이데거의 사상은 구조적으로, 그리고 역사적으로 "청소"라는, **존재**로서 **존재**의 존재적 진정성을 위한 최후의 말을 향하고 있다.

접근할 수도 없고 알 수도 없지만 모든 사유와 시적 언어의 구조를 결정하는 이러한 **존재**의 개념을 통해, 우리는 하이데거가 후기-헤겔식 해석학과 소통 이론에도 작용하고 있는 지연되고 결코 완전하게 실현될 수 없는 현전의 패턴을 제공하고 있다고 말할 수 있을 것이다. 그러나 이것은 데리다가 추적하고 있는 무한한 소비라는 형태의 디페랑스가 아니라 제한된 경제와 제한된 사고의 계략, 즉 이미 엄격한 변증법에서 벗어났고 헤겔주의의 확실한 최후의 성공을 연기시켜 두는 사유일 뿐이다. 이러한 방식의 사유는 불완전 · 실패 · 분열을 "역사적 경험의 구조적 요소"로 보아 수용하고, 이러한 현상들을 좀더 큰 전체의 유의미한 일부, 연쇄의 고리, 자기-충족을 향한 과정이라고 주장하는 모든 형태의 "변증법적" 사고, 모든 유형의 해석학, 인문 · 사회과학에서 그대로 작용하고 있다.

결국 이러한 사유는 우리를 헤겔주의에서 벗어나도록 해주지 못한다. 이 사유의 패턴은 아마도 진보적 융합, 점차적인 통합, 발생학적 온전성, 문맥의 확장, 또는 진행중인 연속성 등으로 묘사될 수 있을 것이다. 이러한 사유에서 차이는 의미와 전체적인 맥락에서의 유의미성으로 결정된다. 비록 과거에 그 의미가 모호했고, 현재에도 완전히 드러나지 않으며, 미래에도 자기-현존을 얻지 못한다 하더라도 말이다.

---

11) Martin Heidegger, "The End of Philosophy and the Task of Thinking," in *On Time and Being*, trans. Joan Stambaugh (New York: Harper and Row, 1972), 57-58.

그러나 통합적 일치 또는 모든 역사적 현상들의 완전한 관계라는 생각이 이러한 사유에 항상 작용한다. 만약 하이데거의 존재론적 차이에 바탕을 둔 이 차이에 대한 전체주의적 시각을 데리다의 디페랑스와 대비시키고자 한다면, 아마도 우리는 후자에 대해서 "불연속적인 재구조화"라는 표현을 사용해야 할 것이다. 그리고 응집력과 일치의 부재, 급진적인 비예측 가능성, 불가해성을 결핍이 아니라 지식의 실제적 형태라고 인정하고 예견적이거나 회고적인 방식이 아닌 새로운 사유 방식을 찾아야 할 것이다.[12]

3

그러나 우리 시대에 대한 하이데거의 영향력이 보여 주듯이 그는 이렇게 쉽게 규정될 수 있는 인물이 아니다. 이중의 몸짓이라는 전략을 통해서 그의 사상은 일방적인 정의를 회피하며, 때로는 해석자를 앞서가기도 한다. 존재론적 차이의 구조와 형이상학으로서의 **존재**의 역사라는 문맥에서 의미와 의미의 부재 문제와 관련해 볼 때 하이데거의 후기 저작들은 자못 당혹스러운 경우가 있다. 그러한 경우는 주로 그가 "그리스식으로" 사유하면서 친숙한 개념들을 흥미롭게 비틀어 낼 때 발생한다. 잊혀짐이 바로 그런 예이다. 왜냐하면 그리스식으로 생각할 때 그것은 무엇인가를 잊었다는 능동적인 의미("우산 가져오는 것을 잊었다")뿐 아니라, 마치 운명처럼 받아들여야 하는 수동적인 의미를 가질 때도 있기 때문이다. 이렇게 미묘한 의미에서 볼 때 **존재**

---

12) Ernst Behler, "Deconstruction versus Hermeneutics: Derrida and Gadamer on Text and Interpretation," in *Southern Humanities Review* 21 (1983): 201-23.

의 잊혀짐은 **존재**가 물러나 자신을 감춤으로써 우리에게 발생하는 어떤 운명이다.[13] 비록 **존재**의 감추어짐이 현존과 청소의 모델에 바탕을 두고 있기는 하지만, 그것은 **존재**의 부재를 인간적 실패와 역사적 조건의 결과가 아니라 부재의 구조적 관계로 묘사한다.

감추어짐 역시 "그리스식으로" 사유될 수 있으며, 이때 감추어짐은 감춤과 드러냄의 이중적 제스처를 보여 준다. 한계(peras) 역시 무엇인가가 끝나는 곳뿐 아니라 동시에 무엇인가가 생성되고 무엇인가가 드러나며 특수한 형태로 형성되고 나타나게 되는 곳으로 볼 경우[14] 그리스식 사유의 또 다른 패러다임을 보여 준다. 하이데거의 이러한 사유에서 우리는 디페랑스의 본질적 형태인 "흔적"과 같은 데리다의 개념을 예상하게 된다. 이러한 방식의 사유는 또한 해체적 사고가 단순히 의미와 체계의 부정이 아니라 현전과 부재, 체계와 비체계, 질서와 무질서, 드러냄과 감춤 사이의 섬세한 일련의 사유 방식임을 상기시킨다. 슐레겔은 이러한 의미에서 다음과 같이 말했다. "체계를 상정하는 것이나 상정하지 않는 것이나 모두 위험하기는 마찬가지이다. 단지 그 두 가지를 결합하기만 하면 된다."(*FS* 2:173)

점진적인 허무주의로서의 서구 형이상학에 대한 하이데거의 개념과 "진정한 허무주의의 성취로서의 철저하고 완전한 허무주의"(*HN* 4: 203)라는 그의 생각에서도 유사한 이중적 측면이 드러난다. 언뜻 보기에 허무주의는 실패·생략·부족·패배를 지칭하는 것으로 보인다. 그러나 절대적인 허무주의의 실현과 지금까지 인정되어 온 모든 가치

---

13) Martin Heidegger, "Zur Seinsfrage," in *Martin Heidegger, Wegmarken* (Frankfurt: Klostermann, 1967), 243.

14) Martin Heidegger, *Parmenides*, ed. Manfred S. Frings (Frankfurt: Klostermann, 1982).

들의 현저한 평가절하를 형이상학 최고의 가능성이자 완전성의 성취로 해석한다는 데에 하이데거 사상의 특징이 있다. 서구 형이상학의 출발점에 **존재**의 가장 고차원적인 형태를 천상의 이데아로 선포했던 플라톤이 서 있고, 현실에서의 강력한 힘들과 권력에의 의지로서의 **존재**의 드러남 끝부분에 동일한 것이 무의미하게 재등장한다. 이것은 형이상학적 사유의 내적 법칙이며, 거스를 수 없는 순리이다. 따라서 엄밀히 말하자면, 허무주의는 형이상학 역사의 종말이나 결과 이상을 의미한다. 허무주의는 단순한 "주의나 의견"이 아니고, "모든 것이 무로 용해되어 버리는 것"도 아니다. 그것은 형이상학의 역사에서 존재의 진정성으로 인정되어 왔으나, 이후 역사를 형성할 능력을 상실해 버린 최상의 가치들을 평가절하하는 과정을 의미한다.(*HN* 3:203)

이 과정은 "여러 역사적 사건들 중"의 하나가 아니라 "지금까지 형이상학에 의해 유지되고 방향지어진 서구 역사의 근본적인 사건"이며, "이전의 가치들을 재평가"(*HN* 3:203)하는 마지막 완결을 향하고 있다. 허무주의는 "합법적인 역사적 발생이며, 당연한 '논리적' 귀결이다."(*HN* 3:205) 하이데거의 허무주의는 우리를 단순히 무의 세계로 이끌지 않으며, 그 "진정한 본질은 자유를 긍정하는 태도에 있다."(*HN* 3:204) 하이데거에게 허무주의와 형이상학이 동일한 것이라는 의미에서 "허무주의의 완성"은 결국 형이상학의 완성을 의미하는 또 다른 이름이다. 허무주의는 형이상학으로서의 **존재**의 역사에서 가장 결정적인 측면이다.[15] 바로 이러한 관계 때문에 하이데거는 아마도 최초로 이전의 서구 형이상학의 역사를 단일화된 전체로 바라볼 수 있었을 것이다. 그러나 우리는 그의 형이상학으로서의 **존재**의 역사에 나

---

15) Heidegger, *Nietzsche*, vol. 4, *European Nihilism*.

타난 형태들이 거의 무채색의 추상적인 것들이며, 그로 인해 위대한 철학자들의 사상이 역사로 축소되었을 뿐 아니라 나아가 하나의 도식으로까지 축소되어 버렸다는 사실을 덧붙여야 할 것이다.

데리다는 하이데거의 이러한 모호성을 충분히 인식하고 있었으며, 하이데거 당대의 어떤 비평가보다도 이 모호성을 보호하고 유지하고자 했다. 그는 이미 《그라마톨로지》에서 하이데거의 철학이 현전의 형이상학에 포함되어 있으며, 동시에 그것을 위반하고 있다고 보았다. 그는 "때로 위반의 바로 그 순간에 한계 바로 앞에서 자제한다"(*OG*, 22)[16]라고 말한다. 데리다의 시각에서 하이데거는 **존재**의 의미를 현전으로 제한함으로써 서구 형이상학의 영역 내에 머무른다. 그러나 그 영역의 기원에 대해 의문을 던짐으로써 하이데거는 우리의 역사를 구성하고 있는 것에 대한 문제에 접근했다. 하이데거는 《존재의 문제에 대하여》에서 **존재**라는 단어에 ×자를 덧붙임으로써(S̶e̶i̶n̶)[17] 그러한 사실을 직접적으로 제시한다. 데리다는 "그 삭제 표시"에 대해서 다음과 같이 언급한다. 그것은 "단순한 '부정의 상징'이 아니라 한 시대의 최종적인 글쓰기이다. 그 표시하에서 초월적인 기표의 현전은 여전히 알아볼 수는 있지만 또한 지워진다."(*OG*, 23) 데리다는 그러한 망설임이 "부조화"가 아니라 "모든 후기-헤겔식 시도와 두 시대 사이에 놓인 의미에 대한 고유한 떨림"(*OG*, 24)이라고 한다.

《디페랑스》에서 데리다가 하이데거의 사유가 "디페랑스의 형이상학적 효과 내부에" 속하는지, 아니면 "디페랑스의 전개"(*D*, 153)에 해

---

16) Jacques Derrida, *Of Grammatology*, trans. Gayatri Chakravorty Spivak (Baltimore: The Johns Hopkins University Press, 1974). 앞으로 이 텍스트는 *OG*로 표기함.

17) Heidegger, "Zur Seinsfrage."

당하는지 "단순히 대답하기" 어렵다고 보는 이유도 이 때문이다. 아마도 우리는 **존재**와 존재들, 그리고 **존재**의 진정성의 사라짐 사이의 존재론적 차이가 디페랑스의 여러 측면들 중의 하나일 뿐이며, 디페랑스가 존재론적 차이보다 더 광범위하고 통합적인 사유라고 할 수 있을 것이다. 역사적인 어투로 말하자면, "존재론적 차이나 **존재**의 진정성보다 '더 오래된 것'"(*D*, 154)이라고 말할 수 있을 것이다. 그러나 형이상학으로서의 **존재**의 역사라는 "획기적 사건"을 하이데거보다 잘 알고 있는 사람은 없다. 따라서 데리다 자신도 "이 문단의 난해함 내에 머물러야" 하며, "'서구 철학의 역사'에 대한 텍스트에서 뿐 아니라 형이상학이 서구 언어의 규범으로 작용할 때마다 이 문구를 반복해서 읽어보아야 할 것이다"(*D*, 154)라고 말하고 있다.

데리다는 다음과 같은 질문과 함께 하이데거와 관련된 좀더 근본적인 문제를 제기한다. "우리는 어떻게 텍스트의 외부를 상정할 수 있을까?"(*D*, 158) 이 문제는 서구 형이상학의 그 획기적 사건이나, 어떻게 "우리가 서구 형이상학의 텍스트에 반대되는 것을 상정"(*D*, 158)하는가라는 문제만을 의미하는 것이 아니다. 이 문제는 "**존재**의 역사, 우리의 언어, 그것으로 이름 붙일 수 있는 모든 것을 넘어서려는"(*D*, 157) 훨씬 더 근본적인 시도와 관련되어 있다. 이러한 시도는 **존재**의 진정성을 지칭하고, 구조의 구조성을 그 외부에서 확립하거나 또는 게임의 법칙을 초월하고자 하는 형이상학적 동기를 유발하는 힘이고 그 연속적인 노력이었다. 하이데거는 이러한 형이상학적 시도를 감행한 가장 언변이 좋은 철학자였으나 텍스트의 외부를 "언어와 **존재**가 결합된 독특한 말, 최종적이고 고유한 이름"(*D*, 160)에 대한 향수와 희망을 통해 상정했다. 그러나 데리다에게 결과적으로 "텍스트의 외부"("il n'y a pas de hors text"[OG, 158]), "독특한 이름, 나아가 **존재**의 이름조차도 있을 수 없다." 그리고 이 상황은 "향수 없이" 받아들여져야 한다고 데리다는 주장한다. "다시 말해서 잃어버린 사유의 조국, 즉 순수한 어머니 또는 아버지의 언어라는 신화의 외부에서 상정되어야 한다. 반대로 우리는 웃음과 춤으로——니체가 유희를 긍정했던 의미에서——그것을 **긍정해야** 한다."(*D*, 159)

같은 문제를 구조주의적 사유 방식과 정반대로 전개시키면서 데리다는 "슬프고, **부정적**이며, 향수어린, 죄의식을 가진, 유희에 대한 루소풍의 사고" 즉 "깨어진 즉각성"과 유희에 대한 "니체식 **긍정**" 즉 "세계의 유희성과 발생의 순진성에 대한 즐거운 긍정, 적극적인 해석을 제공해 주는 오류도 진리도 기원도 없는 기호의 세계에 대한 긍정"(*SSP*, 292)[18]을 구별한다. 이러한 긍정과 해석 활동은 "중심의 상실이 아닌 비중심"의 결정으로 이루어진다. 유희에 대한 인접성, 유희하는 것에 대한 자기 확신과 함께 이러한 긍정은 "또한 **발생학적** 비결정성, 흔적의 **최초의** 사건"(*SSP*, 292) 즉 "어떤 종에도 속하지 않고, 형태도 소리도 없는, 유아 단계의 끔찍한 형태의 괴물의 모습으로"(*SSP*, 293) 스스로를 드러내는 사건에 자신을 내맡긴다.

4

기존의 구조들을 전복시키는 데 있어서 볼 수 있는 이러한 자의식적 반영과 자기-지시적 의식에도 불구하고 현대 사상에서 이러한 담

---

18) Jacques Derrida, "Structure, Sign, and Play in the Discourse of the Human Sciences," in *Writing and Difference*, trans. Alan Bass (Chicago: The University of Chicago Press, 1978). 앞으로 이 텍스트는 *SSP*로 표기함.

론에 대한 가장 근본적인 비판은 진리와 철학 비판에 암시되어 있는 자기 모순이다. "이성에 대한 전체적 자기 비판은 수행상의 모순에 빠져 있다. 주체 중심의 이성이 그 자신의 수단들에 의지함으로써 본질적으로 전체주의적이라는 유죄 판결을 받게 되기 때문이다."(*DM*, 185)[19] 이것은 이성과 형이상학의 해체에 대한 주된 비판가 중의 한 사람인 하버마스의 말이다. 이 말은 아도르노의 계몽 비판을 직접적으로 겨냥한 말이지만 슐레겔·니체·데리다에게도 해당된다. 사실 하버마스는 슐레겔·니체·데리다에게서 이성 해체의 직접적인 한 흐름을 발견했다. 이 흐름에서 아도르노와 하이데거는 특별한 위상을 차지한다. 아도르노는 완고한 입장으로 "끊임없이 확고한 부정적 역할을 수행하고 있다. 헤겔식 범주 논리의 네트워크 속에서 이미 그것이 근거를 상실해 버렸는데도 말이다."(*DM*, 186) 이와 반대로 하이데거는 "산만한 언어에서 벗어날 수 있는 비전적이고 특수한 언술의 광휘에 찬 정상부를 찾아 이러한 역설로부터 도피했으며, 모호성을 통해 구체적인 비판들로부터 벗어나고 있다."(*DM*, 185) 해체적 사유와 아이러니한 담론에 대한 다른 모든 비판들——신화와 종교로의 퇴보, 문학과 시로의 도피, 정치적 무관심, 사회적 거리감, 실현의 부재——도 이러한 기본적 비판에서 출발한다.

하버마스는 니체를 이 흐름의 "턴테이블(turntable)"로 보는데, 니체가 역사상 최초로 이성 개념의 새로운 수정안을 포기하고 "계몽의 변

---

19) Jürgen Harbermas, *The Philosophical Discourse of Modernity: Twelve Lectures*, trans. Frederick Lawrence (Cambridge: MIT Press, 1987). 앞으로 이 텍스트는 *DM*으로 표기함. 하버마스가 니체를 과거와 신화로의 회귀로 보는 문제에 대해서는 David E. Wellbery, "Nietzsche-Art-Postmodernism: A Reply to Jürgen Habermas," *Stanford Italian Review* (1986), 77-100를 볼 것.

증법에 **이별을 고했다**"(*DM*, 86)고 보기 때문이다. 니체는 현대 시대가 그 자만심과 자의식을 끌어냈던 "모더니티의 성취" 즉 사회 내에서 성취된 주체적 자유(*DM*, 83)를 거부하고, "이성의 타자적 개념으로서 신화에서 그 기반을 마련한다."(*DM*, 86) 니체와 함께 "모더니티는 그 독자적 위상"을 잃어버리고 단순히 "고대의 삶이 사라지고 신화가 무너지면서 시작된 머나먼 이성화의 역사에서 마지막 시대"(*DM*, 87)를 구성할 뿐이다. 유토피아적인 태도는 이제 **"곧 오게 될 신"**에 초점을 맞추며, "예술 작품이 될 종교적 축제"가 고대와 현대를 잇는 다리 역할을 할 것으로 추측된다.(*DM*, 87)

그러나 하버마스는 결코 니체의 "역사에 대한 디오니소스식 방식"(*DM*, 92)이 독창적이라고 생각하지 않는다. 디오니소스 의식에서의 비극적 코러스의 기원에 대한 니체의 논의는 "이미 초기 낭만주의에서 상당히 발전되어 있었던 문맥"(*DM*, 92)에서 유래한 것이다. 그리고 새로운 신화라는 아이디어도 "곧 오게 될 신 디오니소스에 대한 의지"(*DM*, 88)만큼이나 "낭만주의적 기원"을 보여 준다. 하버마스는 셸링과 18세기말의 몇몇 텍스트, 특히 프리드리히 슐레겔에게서 철학을 대체할 새로운 신화에 대한 전망을 발견한다.(*DM*, 88–89) 실제로 슐레겔은 1800년에 출간한 《신화에 대하여》에서 "고대인들에게 신화가 의미했던 것과 같은 초점"(*FS* 2:312)을 창조해야 한다고 주장했다. 하버마스는 이러한 주장을 시를 이성의 위에 두고자 하는 입장, "이런 식으로 사람들의 관심과 결합될 수 있을 법한 미학적 아이디어"(*DM*, 90)로 이해한다. 또한 그는 "신화의 원시적 힘이 지배하는 세계"(*DM*, 90–91)에의 복종, "인간 본성의 원시적 혼돈"(*DM*, 90; *KFSA* 2:319)으로의 복귀, "셸링의 입장에서 구세주와 같은 개념으로 시간화된 확고한 기반을 가진 역사적 기대감"(*DM*, 90)으로 이해한다.

그리고 무엇보다도 "광기와 끊임없는 변신의 신이자 쫓겨난 신 디오니소스"(*DM*, 91)에 대한 평가의 증가로 이해한다. 자신의 입장에 대한 의구심을 없애기 위해서 하버마스는 논쟁적인 어투로 다음과 같이 덧붙인다. "헤겔과의 차이는 분명하다. 새로운 신화라는 형태로 대중화될 경우 곧바로 종교의 통합력을 대체할 수 있는 것은 사유적 이성이 아니라 시이다."(*DM*, 89)

하버마스의 주장에 의하면 낭만주의의 디오니소스에 대한 의지는 종교 개혁과 계몽주의에 의해 폐기된 기독교의 약속을 간접적으로 성취하는 역할을 했다.(*DM*, 92) 반면 니체는 디오니소스에서 그러한 낭만적 요소들을 제거하고 축복의 절정에서 주체성을 스스로 완전히 망각하는 단계로까지 고양시켰다. 모든 "지적 행위와 사유의 범주들이 뒤집어지고 일상적 삶의 규범들이 부서진 후" 그리고 "정상적인 것에 대한 관습화된 환상이 무너져 버린"(*DM*, 93) 후에 비로소 현대적 인간은 새로운 신화로부터 "모든 명상들을 제거하는 일종의 구원"(*DM*, 94)을 기대할 수 있다. 그때서야 비로소 우리는 "이성의 궁극적 타자" 즉 고대의 영역 속으로 되돌아가는 경험, "모든 인식과 의도적인 행위의 제한들, 실용성과 도덕성에 대한 모든 명령들로부터 해방된 탈중심화된 주체가 스스로 드러나는 경험"(*DM*, 94)에 도달할 수 있다.

그러나 이제부터 하버마스가 본 니체는 점점 더 유령을 닮아 간다. 구체적인 텍스트상의 증거도 없이 하버마스는 니체를 참과 거짓, 선과 악의 차이를 부정하는 실용주의적 인식론자로 묘사하며, 그러한 특성들을 "삶에 도움이 되는 것, 고상한 것에 대한 애호"(*DM*, 95)로 축소했다. "주체를 가로지르는 권력에의 의지는 이름 없는 정복 과정의 흐름 속에서 명확히 드러난다."(*DM*, 95) 그리고 현대에서 "주체 중심 이성"의 지배는 허무주의로서, 즉 "권력 의지에의 도착(倒錯)의 결과

이자 그 표현"(*DM*, 95)으로 볼 수 있다. 니체는 허무주의를 "신의 부재를 주장할 수 있을 정도로 까마득히 먼 신들의 밤"이라고 주장함으로써 당대의 허무주의에 의미를 부여하고자 노력했다. 그러나 그는 자신의 미학적 판단의 기준들을 "정당화"시킬 수 없었다. 그 기준들을 먼 과거에 위치시켰으며, 그것들을 "이성의 순간"(*DM*, 96)으로 인식하지 않았기 때문이다.

하버마스의 시각에서 니체의 권력 이론들이 실상 그의 미학적 목적, 즉 "디오니소스에게로 가는 문"을 위한 것이었다는 사실은 니체가 처한 "스스로 고립된 이성 비판의 딜레마"(*DM*, 96)의 원인이 된다. 하버마스는 니체가 "스스로를 소비하는 통일된 이데올로기 비판"(*DM*, 97)과 "스스로 자신의 기반을 공격하는 이데올로기 비판을 수행한다는 것이 무엇을 의미하는지에 대한 명확함"(*DM*, 96)을 제공하지 못한다고 믿는다. 이성과 이에 대립되는 타자는 서로를 부정하면서 서로를 고양시키는 변증법적 관계에 있는 것이 아니라 "상호적인 반감과 배타성"의 관계에 있다. 이성은 "후퇴와 퇴각, 추방과 박탈의 역동성으로 인도"되지만, "자기-반영은 이성의 타자로부터 단절되어 있다."(*DM*, 103) 니체에 대한 하버마스의 최종 판결은 다음과 같다. "그의 권력 이론은 과학적 객관성을 만족시키지 못한다. 따라서 이론적 가정들의 진실성에 영향을 미치는 통일되고, 결국 자기-지시적인 이성 비판을 효과적으로 수행하지 못한다."(*DM*, 104-05)

니체의 경우 자기-지시적 모순이 디오니소스식 미학을 위한 권력 이론에서 유래하는 반면, 데리다의 자기 모순은 이미 잃어버렸고, 이제는 단지 카프카식 형태에서 흔적만 남아 있을 뿐인 원형적 글쓰기를 찾으려는 무익한 시도에서 생겨난다.(*DM*, 164) 하버마스가 볼 때 주체 중심의 이성, 헤겔식 논리 범주의 네트워크, 계몽의 변증법, 슐레겔에서 니체와 데리다에 이르는 모더니티의 문제 등은 분명 자기모순의 증가를 동반하며, 이러한 현상은 데리다에 와서 새로운 정점에 도달한다. 데리다에 대한 하버마스의 시각의 특징은 데리다의 "형이상학 비판 작업이라고 주장하는 문자 연구 프로그램"이 명백히 종교적인 영감이며, "종교적인 원천에서 자양분을 얻는다"(*DM*, 165)는 주장에서 잘 드러난다. 하버마스의 입장에서 데리다의 "모든 글쓰기에 선행하는 원형적 글쓰기"(*DM*, 179)에서 드러나는 사상은 "유대 신비주의의 구세주 사상, 한때 《구약성서》의 신이 거주했던, 이후 버려졌지만 잘 보존되어 온 장소에 대한 기억"(*DM*, 167)이다. 더 구체적으로 말하면, 그것은 토라(Torah)의 영원한 풍요로움(*DM*, 182)과 "언제나 **연기된** 사건으로서의 계시라는 전통에 대한 신비적 개념"(*DM*, 183)일 뿐이다.

하버마스에 따르면 원형적 글쓰기라는 데리다의 개념은 데리다를 하이데거의 뒤에 위치시킨다.(*DM*, 183) 하버마스는 데리다의 시도를 "존재론적 차이와 **존재**를 넘어 글쓰기 고유의 차이를 향하지만, 그것은 이미 활동중인 기원[하이데거의 **존재**]을 한 단계 더 깊은 곳에 위치시키는"(*DM*, 181) 것일 뿐이라고 생각한다. 다시 말해서 원형적 글쓰기는 작가가 없는 구조, "주체가 없는 구조의 발생자 역할을 수행한다."(*DM*, 180) 사실 하버마스는 데리다의 하이데거와의 차이를 "대단하지 않은" 것으로 본다.(*DM*, 181) 왜냐하면 데리다는 "최초의 철학의 의도들을 흔들어 놓은 것이 아니며," 게다가 "어떤 미결정된 권위에 대한 공허하고 공식화된 것 같은 형태의 부정에 도달"했기 때문이다. 두 철학자들간의 유일한 차이는, 데리다의 경우 이것이 "존재들에 의해 왜곡되어 온 **존재**의 권위가 아니라 더 이상 성스럽지 못한 글, 추방되어 떠돌고 그 자체 의미로부터 이탈된 글, 성스러운 것의 부재를 기록해 놓은 유언장"(*DM*, 181)이라는 사실이다.

하버마스가 데리다를 비판하는 또 다른 주요 이유 역시 자기-지시적 모순과 관련되어 있으며, 해체 이론에서 "문학과 철학의 장르 구별"(*DM*, 185)이 무시된다는 사실에 있다. 하버마스에 따르면 데리다와 그의 추종자들은 과학적 담론의 "일관성에 대한 요구"를 회피하기 위해서 철학과 문학의 경계선을 폐기해 버렸다. 그로 인해 데리다는 자기-지시성 문제의 "**밑둥치를 잘라내 버렸고**," 그 문제를 터무니없는 것처럼 만들어 버렸다. 그는 "주체 중심 이성의 역사적 흐름 속에서 철학이 **세워 놓은** 존재론적 골격을 **치워 버리려**"(*DM*, 188-89) 시도하고 있을 뿐이다. 그런데 그는 이 작업을 사람들이 흔히 하는 "숨겨진 전제나 암시를 확인하는 분석적인 방식"이 아니라 "스타일 비판을 통해 텍스트가 그 자체의 명확한 내용을 스스로 부정하는 어떤 간접적 소통 현상을 찾아내고, 스스로를 비문학적인 것으로 드러내는 텍스트들의 문학적 층위들에 내재한 수사학적 의미의 과잉"(*DM*, 189)을 다루고 있다.

그러나 하버마스를 당혹스럽게 하는 것은, 데리다가 이런 방식의 독법을 카프카·조이스·첼란의 텍스트뿐 아니라 후설·소쉬르·루소의 텍스트에도 적용하여 "저자들의 명백한 해석에 상반되는"(*DM*, 189) 방향으로 해석한다는 데 있다. 하버마스에게 데리다의 이러한 전략의 목적은 분명하게 여겨진다. "우리가 니체의 글의 **문학적** 특성을 심각하게 고려하자마자 그의 이성 비판의 적절성은 논리적 일관성이 아니라 수사학적 성공의 기준에 따라서 분석되어져야 한다."(*DM*, 188) 하버마스의 의견에 따르면 그러한 과정은 "철학적 텍스트가 **실제로** 문학적인 텍스트일 경우, 그리고 꼼꼼히 조사해 볼 경우 철학과 문학의 장르 구분이 사라진다는 것을 누군가 **증명**할 수 있을 경우"

(*DM*, 189)에만 타당하다. 그런데 만약 그러한 조사 결과가 긍정적으로 드러난다면 그것은 분명 하버마스에게는 위험하고도 두려운 상황이 될 것이다. 왜냐하면 그러한 결과는 문학비평을 형이상학 비판으로까지 끌어올리게 될 것이며, **말하기도 끔찍하지만**(horrible dictu) 문학비평에게 "현전의 형이상학과 말중심주의 시대의 사유를 극복함으로써 거의 세계사적 임무를 수행하는"(*DM*, 191-92) 위상을 허용하게 될 것이기 때문이다. 학문간의 혼용과 혼란을 피하기 위해서 하버마스는 데리다 비판의 나머지를 시적 언어의 특징과 그 배타성 문제에 집중시킨다.

토론 상대의 중요성을 축소하고 결과적으로 문제 해결로부터 배제하여 상대를 침묵 속에 몰아넣는 방식은 의사 소통을 통해 합의를 찾아내는 유형의 가장 전형적인 방식으로, 특히 상대가 자신의 의도와 상반된 입장이거나 쉽사리 설득시키기 어려울 때 더욱 그러하다. 이러한 태도는 《신화에 대하여》와 관련해서 하버마스가 프리드리히 슐레겔을 시적인 종류의 비이성주의자로 폄하할 때에도 나타난다. 그러나 사실 《신화에 대하여》는 "시를 현실에서 가능한 가장 높은 수준의 시로 고양시키는"(*FS*, 2:286) 방법과 가능성에 대하여 일단의 인물들이 활기차고 위트 있는 대화를 나누는 모습을 묘사한 《시에 대한 대화》라는 책의 일부분이다. 이 책에는 그 목적을 위한 서로 다른 방법론들이 네 가지의 형식에 따라 드러나 있으며, 《신화에 대하여》는 그 중의 하나이다.

우리는 그 텍스트 전체가 초기 독일 낭만주의의 예나(Jena) 그룹의 이미지를 묘사하기 위한 것이며, 각각의 토론 상대자는 이 상면에서 특정한 역할을 맡고 있다고 설득력 있게 추측할 수 있다. 만약 이러한 추측이 옳거나 그럴듯하다면 새로운 신화를 주장하는 인물은 아마도 철학자 셸링일 것이다. 그 주제와 관련한 셸링의 역사에 대한 선입관과 스타일상의 성급함과 충동("결론부터 말하자면……"[FS 2:312])등이 드러나 있기 때문이다. 이렇게 볼 경우 《신화에 대하여》는 새로운 신화의 필요성에 대한 직접적이고 명백한 주장이자 전적으로 간접적인 방식이지만, 동시에 그러한 계획에 대한 슐레겔의 상당히 의식적인 비판적 분석을 담고 있다고 할 수 있다.

그러나 이러한 틀, 거리두기, 구성에도 불구하고 마지막 분석에서 《신화에 대하여》는 결국 슐레겔 자신의 텍스트로 남으며, 새로운 신화라는 가정을 셸링에게 맡겼든, 자기 자신이나 로사리오라는 전혀 가상의 인물에게 맡겼든 그것은 문제가 되지 않는다. 중요한 것은 텍스트의 구조, 즉 신화에 대한 글쓰기와 신화에 대한 자기 비판적이고 자의식적인 태도, 즉 아이러니, 자기-창조와 자기-파괴가 통합되어 있다는 사실이다. 그럼에도 불구하고 하버마스의 《신화에 대하여》에 대한 독법에서는 이 모든 복잡한 형태의 소통 방식들이 무시되었으며, 그 텍스트는 슐레겔의 직접적인 언급으로 축소되었다. 말에 드러난 특징, 제목에 나타난 수사적 표현으로서의 특징조차 무시되고 있다. 헤겔은 슐레겔을 여러 가지로 비난했고, 그를 무례하고 허황되며 파괴적이고 사실은 인간의 실제 관심사에 무관심하다고 생각했다. 하지만 헤겔은 슐레겔이 반성적이지 못하고 시를 "이론적·실천적 이성과의 연관성이 제거된" 것으로 생각했다거나 "신화의 원시적 힘들이 지배하는 세계로 향하는 문"(DM, 90-91)을 열어 놓은 자라고는 생각하지 않았다. 문맥을 무시하고 제한된 시각에서 읽어보아도 《신화에 대하여》에서 슐레겔이 새로운 신화를 신화론의 퇴락이 아니라 "정신의 가장 깊은 심연에서 주조된" 어떤 것, "모든 예술 중에서 가장 예술적인 것"(FS 2:312)으로 보았다는 것이 명백하다.

스타일과 의사 소통의 "문학적" 양식에 대한 무시는 하버마스의 니체 비판에 심각한 문제를 초래한다. 하버마스에게 텍스트의 구조, **연출**(mise en scène)의 진지함은 지적인 글쓰기의 가장 핵심적인 요소이다. 사실 니체에 대한 하버마스의 독법은 "어느것도 진리가 아니며, 모든 것이 허용된다"는 르네상스 미학의 무자비한 스타일을 가정하고 있다. 니체의 언급들 사이에서 이루어지는 역동적인 상호 의존 관계는 완전히 무시된다. 그리고 니체는 "스스로 이데올로기 자신의 근거를 공격하는 이데올로기 비판을 수행한다는 것이 무엇을 의미하는지에 대해서 전혀 명확한 측면이 없는"(*DM*, 96) 인물로 축소되고 만다. 마치 그 자신의 근간을 공격하지 **않는** 이데올로기 비판이 반드시 우월한 것이라는 듯이 말이다. 이런 식의 논의의 문제점은 철학의 어떤 특정한 흐름——이 경우 헤겔 수정주의——에 일치하지 않는 것은 철학적 담론에서 배제되며, 낭만적이고 파시스트적이며 유대신비주의 또는 미국식 문학비평에 불과하다는 비난을 받게 된다는 것이다. 급진적이고 "통일된" 이성 비판은 금지되는 듯이 보인다. 그러한 비판이 "철학적" 논의의 기본 규칙과 관습을 따르지 않기 때문이다. 결국 응집력이 없는 의사 소통은 이러한 규범들을 수용하는 응집력과 함께 시작한다.

5

로티는 이성과 철학을 함께 비판하는 것에 문제가 있다고 보지 않으며, 그 유용성에 대해서도 의심하지 않는다. 그는 철학과 분학 사이의 경계가 사라지는 것에 대해서도 반대하지 않는다. 그리고 그런 방식의 학문 분야의 구별이 단순히 습관적인 것으로 때로 지식에 대한 위계 질서라는 잘못된 개념을 동반한다고 본다. 그에게 낭만주의 시의 등장은 현대 세계에서 과학과 철학 분야의 어떤 혁신 못지않게 중요한 사건이었다. 칸트와 헤겔, 하버마스와 리오타르, 진리 지향의 사유와 해석 지향의 사유, 탈중심적 사유와 산포적 사유 등 두 가지 유형의 철학들의 경쟁을 흥미롭게 지켜보는 로티는 그 둘 중 후자의 유형을 더 선호하는 듯하다. 후자의 철학이 더 반성적이고 자아 비판적이기 때문이다. "첫번째 유형은 그 자신을 그야말로 직접적으로 표현하며 과학적인 시도를 보여 준다"고 하면서, 그는 다음과 같이 덧붙여 말한다.

두번째 유형은 최대한 많은 외국어의 남발, 모호성, 남의 이름 팔기 등을 통해 간접적으로 자신을 표현한다. 퍼트넘 · 스트로슨 · 롤스 같은 신-칸트주의 철학자들은 매우 분명하고 직접적인 일련의 "명확한" 변형들, 지속적인 문제에 대해 좀더 분명한 시각을 제공해 줄 수 있으리라고 생각하는 변형들로 인해 칸트에 직접 연결되는 논제와 주장을 가지고 있다. 그러나 비칸트주의 철학자들에게는 칸트주의자들의 존재를 제외한다면 지속적인 문제라는 것이 없다. 하이데거와 데리다 같은 비칸트주의 철학자들은 문제를 해결하지 않을 뿐 아니라 논제나 주장이 없다는 의미에서 두번째 유형의 대표적인 인물들이다. 그들은 공통의 주제나 방법에 의해 이전의 철학자들과 연결되는 것이 아니라 일련의 해설자들에 대한 해설자들 중에서도 이후에 등장한 인물들이 이전의 해설자들과 관계를 맺는 그런 "가족 유사성" 방식으로 연결된다.[20]

최근의 책에서 로티는 이 두 가지 유형의 철학자들을 각각 "형이상학자들"과 "아이러니스트들"[21]로 부르고 있다. "아이러니의 철학"의 전통은 초기의 헤겔에서 시작해서 니체 · 하이데거 · 데리다로 이어진다.(*CIS*, 78) 반면 형이상학적 철학은 자신의 신조를 "확립"하고 그것을 증명된 것, 진리로 제시하고자 한다. 그러나 그러한 근거는 하버마스의 의사 소통 이론만큼이나 부실하며 근거를 주장하는 자들을 형이상학자들로 규정짓게 한다.(*CIS*, 82) 중요한 것은 의도이다. 아이러니스트들은 반대로 근거를 믿지 않는다. 대신 그들은 문제에 새로운 이름을 붙이고 재정의하면서 끝없는 환유의 작업에 몰두한다.

로티가 손꼽는 아이러니스트 철학자들은 이 책에서 다루는 인물들과 거의 유사하다. 단지 그는 슐레겔 대신 《정신현상학》의 초기 헤겔을 포함시키고 있는데, 사실 실제적인 차이는 하이데거에 있다. 이 책에서 하이데거는 "그리스식" 사유와 같이 경계선에 놓인 몇몇 경우에 한해서 아이러니스트로 취급되고 있다. 그런데 이 차이는 아이러니를 이해하는 데 중요하며, 따라서 즉각적인 설명이 필요하다. 로티는 물론 하이데거가 "아주 오랫동안 경박한 아이러니스트, 그리고 그러한 미학자, 실용주의자를 경멸했다"는 사실을 알고 있다. "그는 그들을 위대한 형이상학자들의 고매한 심각성──특히 **존재**와의 관계에 있어서──이 결여된 아마추어 수준의 수다쟁이들로 생각했다. 그는 북부 독일의 코스모폴리탄 거물들에 대해서 타고난 혐오감을 가지고 있었다. 철학자로서 그는 아이러니스트 지식인들──그 대부분은 유대인들이었다──의 등장을 그가 '세계상(世界像)의 시대'라고 불렀던

---

20) Richard Rorty, "Philosophy as a Kind of Writing: An Essay on Derrida," in *Consequences of Pragmatism* (Minneapolis: University of Minnesota Press, 1982), 92-93.

21) Richard Rorty, *Contingency, Irony, and Solidarity* (Cambridge: Cambridge University Press, 1989). 앞으로 이 텍스트는 *CIS*로 표기함.

것이 퇴락하는 징후로 보았다."(*CIS*, 111-12)

형이상학으로서 **존재**의 역사라는 관점에서 볼 때 하이데거에게 아이러니의 시대는 서구 형이상학의 죽음, 제2차 세계대전 말기를 즈음한 "시대"의 종말과 함께 시작되었다고 볼 수 있다. 비록 그가 이를 아이러니라는 용어로 묘사하지는 않았지만 말이다. 이 아이러니의 시기는 전체적인 평준화, 불신의 시기이며, 철학이 인류학과 심리학으로 퇴락하며, 개별적인 과학, 인공 지능과 컴퓨터로 변형되는 시기이다.[22] 이것은 새로운 세계가 시작되기 전까지 얼마나 걸릴지 모르는 시기이다. 우리는 이 시기를 포스트모던 시대라고 부를 수도 있을 것이다. 왜냐하면 포스트모던 시대의 여러 특징들이 하이데거가 서구에서 "형이상학의 모든 **본질적 가능성들**이 고갈"(*N* 4:148)된 후의 상황을 묘사한 것과 대단히 유사하기 때문이다. 그러나 로티의 묘사에 따르면 하이데거는 결코 아이러니스트가 하듯이 그렇게 형이상학을 쓸어 없애고자 하지는 않았다. 오히려 그는 그에 대한 가장 숭고한 기억(An-denken)을 유지했으며, 횔덜린의 시구나 소크라테스 이전의 단편들을 통해 궁극적인 말을 제공하고자 했다. 숭고함, 찬양, 마술적 매혹이 혼합된 태도는 아이러니와 정반대되는 것처럼 보이며, 따라서 하이데거는 모더니티에 대한 아이러니한 언술과 무관해 보인다.

로티가 하이데거를 우리 시대의 위대한 아이러니스트의 한 사람으로 보는 이유는 가끔씩 그의 글에서 볼 수 있는 자기 위상을 폄하하는 듯한 비틀린 말과 개념들에 있지 않다. 그것들보다는 아이러니에 대한 그의 특수한 관점, "어떤 것(역사, 서구인, 형이상학 등 그것의 운

---

22) Martin Heidegger, *The End of Philosophy*, trans. with an introduction by Joan Stambaugh (New York: Harper and Row, 1973).

명을 논할 수 있을 만큼 큰 어떤 것)이 그 가능성들을 모두 고갈시켰을 때"(*CIS*, 101)라는 아이디어에 바탕을 둔 아이러니 이론 때문이다. 로티의 시각에서 아이러니스트는 "최후의 철학자"(*CIS*, 106)의 역할을 떠맡았다고 생각하며, 이전의 모든 철학자들을 형이상학자들로 본다. (*CIS*, 110) 아이러니스트는 진리가 없다는 것, 철학의 역할이 이제는 전적으로 달라져야 함을 알고 있다.

형이상학자들과 아이러니스트들을 다루는 로티의 논의의 특징은 양자를 실용주의의 관점에서 테스트하며, 사회공학, 자유주의 정치, 인간의 결속력 등의 관점에서 어떤 가치가 있는지를 묻는다는 것이다. 테스트 결과 양자 모두 부정적이었으며, 특히 아이러니스트의 경우가 더 부정적이었다. 예를 들어 하버마스는 형이상학적 철학의 기능을 "종교적 믿음을 대체할 수 있는 어떤 사회적 접착제"를 제공하는 것으로 보았으며, 인간 이성의 "보편성"에서 그것을 찾았다.(*CIS*, 83) 물론 이것의 의도는 좋은 것이지만, 로티의 입장에서 이것은 자유로운 사회들이 철학적 신념에 의해 결합된다는 "허무맹랑한" 가정에 바탕을 두고 있을 뿐이다.(*CIS*, 86) "형이상학의 부재"는 사람들이 흔히 생각하듯이 정치적으로 위험스러운 것이 전혀 아니며, 19세기에 사람들이 염려했던 것과 같은 "자유로운 사회들"을 약화시킨 무신론에 불과할 뿐이다. 오히려 반대로 그것은 "그것들을 강화시켰다."(*CIS*, 85) 로티는 "헤겔에서 푸코·데리다로 이어지는 아이러니스트의 사유"가 사회적 희망을 파괴할 수도 있다는 하버마스의 두려움을 인정하지 않는다. 오히려 그는 "대체로 대중적 삶이나 정치적 문제들과 무관한 이런 유의 사유"가 의미 있다고 본다. "헤겔·니체·데리다·푸코와 같은 아이러니스트 이론가들은 사적인 자아-이미지를 형성하려는 우리의 시도에 매우 귀중한 역할을 하고 있는 듯하다. 그러나 정치 문

제와 관련해서는 상당히 무력하다."(*CIS*, 83)

이 문제를 좀더 엄밀하게 살펴보면서 로티는 아이러니가 "인간의 결속력"(*CIS*, 87) "보편적 윤리"(*CIS*, 88) 또는 희망(*CIS*, 91)과 "양립할 수" 있는지 여부를 묻는다. 그리고는 항상 "아이러니가 제기하는 의문에 타당성이 있다"(*CIS*, 89)는 느낌과 함께 부정적인 결론에 도달하곤 한다. 오늘날과 같은 지적 풍토 속에서 누구라도 "자유로운 문화"에서 대중적인 수사는 "유명론자와 역사주의자"의 수사, 즉 비형이상학적인 것이 되어야 하며, 누구라도 이를 충분히 "가능하며 또한 바람직하다"고 생각해야 한다고 그는 주장한다. 그러나 **"아이러니가 대중적인 수사가 되는 문화가 있을 수 있고 또 있어야 한다고 주장"**(*CIS*, 87)하기에는 무리가 있다. 자유로운 문화에서 로티가 생각하는 가장 이상적인 대중적 수사는 "일종의 직설적이고 비자의식적이며 투명한 산문, 곧 스스로를 창조하는 아이러니스트로서는 쓰고자 하지 않는 그런 종류의 산문"(*CIS*, 89)을 만들어 내는 "상식을 갖춘 유명론자와 역사주의자"의 언어(*CIS*, 87)이다. 점점 더 자의식화되어 가는 오늘날의 문화에서 철학은 "사회적 책무보다는 개인적 완전성을 추구하는 데 더 중요한 것이 되었고"(*CIS*, 94) 따라서 "행할 수 없는 일, 스스로 행할 수 없다고 정의하는 일을 하도록"(*CIS*, 94) 요구할 수는 없는 일이다.

인간의 결속력, 희망과 정치적 유용성에 대한 자유로운 명분을 증진시키는 또 다른 후보로 시와 문학, 특히 소설이 있다.(*CIS*, 94, 96) 인종적 묘사와 그외의 "비이론적 문학 장르들"도 그 직접적 영향력으로 인해 이 과업에 적합하다. 따라서 로티가 말하듯이 우리는 개인적인 영역과 공적인 영역, 이론과 실천, 문학과 철학 사이의 분명한 분리, "분열"을 보게 된다. 특히 최근의 복잡한 이론과 아이러니의 상황에서 철학은 개인적인 영역으로 넘어가고, 공적인 영역은 상식과 문학의 손에 맡겨진다. 형이상학으로서의 철학이 지배하며, 모더니티의 프로젝트를 추구하던 이전 시기에 사람들은 "자기-발견과 정치적 유용성이 결합될 수 있음을 보여 줌으로써 우리의 개인적 삶과 공적인 삶을 통합"(*CIS*, 120)시킬 수 있기를 희망했다. 그러나 이제 우리는 "자기-창조와 정치를 결합시키려는 노력을 중지해야 한다. 우리가 자유주의자들이라면 특히 그러하다." 왜냐하면 자유주의 아이러니스트의 마지막 어휘는 "결코 나머지 어휘들과 통합되지 않을 것"(*CIS*, 120)이기 때문이다.

6

로티에게 철학의 종말을 고하는 이러한 스타일에서 드러나는 아이러니의 정점은 당연히 데리다식의 글쓰기이다. 그러나 로티가 언급하는 데리다는 우리가 앞부분에서 살펴보았던 구조주의자이자 후기하이데거식의 데리다가 아니다. 사실 데리다의 초기 저작들에는 "하부구조" "약화시키기" "가능성의 조건들" "부재로서의 현전" 등, 다시 말해서 형이상학 냄새를 풍기는 말들이 너무 많았다. 이러한 텍스트들 자체가 사실상 그러한 독법을 요구했고, "책의 종말과 글쓰기의 시작"이라는 의미에서 그라마톨로지 또는 시대적 차이에 대한 연구 프로젝트를 고취하였다. 그러나 로티는 《회화의 진실성》(1978) 《글라스》(1981)와 같은 후기 저작들, 특히 《포스트카드》(1980)와 자유롭게 회전하는 환상을 위해 상호 언관된 사유 과정을 포기하는 이 책[23]의 "결구(Envois)" 장에 주목한다. 로티에 따르면 이제 데리다는 "연상들을 자유롭게 풀어 주며," 로티의 관점에서 이러한 백일몽은 "아이러니스트의 이론화의 최종적 결과물"(*CIS*, 125)이다.

데리다의 "개인적 환상"으로의 후퇴는 로티의 입장에서 볼 때 "그러한 이론화가 직면하게 되는 자기-지시적 문제, 앞선 인물들을 거부하게 했던 똑같은 행위를 반복하지 않고 그들과 거리를 두어야 하는 문제를 해결할 수 있는 유일한 방법"(*CIS*, 125)이었다. 로티는 다음과 같이 말한다. "따라서 데리다의 중요성은 개인적인 것과 공적인 것을 결합하고자 하는 시도를 포기하는 용기, 개인적인 자율성의 추구와 공적인 조화와 유용성에 대한 시도를 통합하기를 멈출 수 있었던 용기에 있다. 그는 앞선 인물들의 운명으로부터 공적인 것은 결코 아름다운 것 이상의 것이 될 수 없다는 것을 배운 후 숭고한 것을 사유화했다."(*CIS*, 125) 이로써 데리다는 헤겔과 함께 시작되었고, 해체적 충동에 있어 언제나 더 깊은 층의 기반에 의해 시달렸던 철학적 흐름에 결말을 짓는다. 최소한 이 철학적 운동은 외부로부터 헤겔의 이성, 니체의 권력 의지, 하이데거의 **존재**, 데리다의 원형적 글쓰기 등과 같이 항상 새롭고 더 심오한 기반을 가지고 끊임없이 등장하는 것으로 해석되었다. 로티는 다음과 같이 말한다.

나는 데리다가 "결구(Envois)"에서 지금까지 누구도 생각해 본 적이 없는 글을 썼다고 주장한다. 그는 철학의 역사를 위해 마치 프루스트가 자신의 인생 이야기를 위해 행했던 것과 같은 일을 행했다. 그는 모든 권위적 인물들의 역할을 연기했고, 이런 인물들이 서로 배타적으로 그를 묘사하는 것처럼 보이도록 자신을 묘사했다. 그 결과 "권위"의 개

---

23) Jacques Derrida, *The Postcard*, trans. Alan Bass (Chicago: The University of Chicago Press, 1987), 1-257.

념 자체가 그 자신의 저작에 대한 지시적 효과를 상실한다. 그는 프루스트가 자율성을 성취한 것과 같은 방식으로 자신의 자율성을 성취했다. 《잃어버린 시간을 찾아서》나 "결구(Envois)" 모두 이전에 소설이나 철학 논문을 평가하기 위해 사용했던 개념적 도식에 부합하지 않는다. 그는 기억이 되살려 주는 것의 문맥을 끊임없이 재구성함으로써 프루스트가 감상적 노스탤지어를 피했던 것과 같은 방식으로 하이데거식의 노스탤지어를 피할 수 있었다. 데리다와 프루스트 모두 가능성의 영역을 확장시켰다.(*CIS*, 137)

이렇게 볼 때 우리는 앞에서 결코 어느 한쪽에도 속하지 않고 체계와 비체계, 혼돈과 질서, 자기-창조와 자기-파괴 사이의 미묘한 경계선을 따라 걷는 것으로 보았던 아이러니의 영역을 데리다가 위반했다고 말할 수 있을 것이다. 로티는 사적인 영역과 공적인 영역을 분명하게 구분하여 제시한다. 그는 복잡한 이론은 개인적인 영역으로, 커다란 결정들은 사회적인 영역으로 돌린다. 또한 정치적인 영역으로부터뿐만 아니라 고립된 것처럼 보일 경우 개인적인 영역으로부터도 아이러니를 제거한다. 철학의 종말이라는 로티의 "아이러니즘" 개념 외에 헤겔 · 하이데거 · 데리다가 아이러니한 면을 보인 이유는 그들이 결코 형이상학의 굴레에서 벗어나지 못했기 때문이다. 또한 가치로부터 자유로운 곳에 도달하지 못했으며, 단호한 모습을 보이지 못하고 경계선의 영역에 머물렀기 때문이다. 최종적 결과 또는 완전한 결별에 대한 로티의 개념, 진실로 실용적인 것과 바람직한 이론적인 것에 대한 이상적 유형으로서의 그의 생각은 "지극히 형이상학적"인 것으로 보인다. 그것은 가치만 전도되었을 뿐 하버마스의 경우와 상당히 가까워 보인다. 데리다는 자유롭게 회전하는 글쓰기라는 약속의

땅에 도착한 후 그의 사상들 사이의 상호 연관성의 흔적을 남기지 않고 해체의 사다리를 치워 버린 사람처럼 보인다. 아이러니한 글쓰기는 자신을 파괴하지만, 그 반대 요소인 자기 창조를 통해서만 구성된다는 본질적인 성향을 가지고 있다. 이 양자간의 관계는 너무나 긴밀하여 우리는 어느쪽이 파괴적인지, 어느쪽이 구성적인지 알지 못한다. 이러한 두 방향의 글쓰기는 하나의 동일한 텍스트에서 이루어질 뿐 아니라 교대로, 그리고 대안적으로 이루어진다. 결과적으로 데리다는 슐레겔의 표현을 빌리자면 전적으로 본의 아니게 이루어지면서 동시에 철저히 의도적이고 완전히 본능적이며, 또한 완전히 의식적인 글쓰기를 한다. 이를 통해서 그는 그의 가장 "최근의" 텍스트들 중 하나에서 책임의 문제, 심지어 정치적 책임[24] 문제까지 제기하고 있다.

이러한 문맥과 또 다른 문맥, 특히 포스트모더니즘의 문맥에서 다음과 같은 사실은 대단히 중요해 보인다. 모더니티의 언술과 그 언술의 주된 구조적 원리로서의 아이러니에 대한 세 사람의 증인들, 즉 슐레겔·니체·데리다가 아이러니를 발전의 도상에서 최근 시대의 마지막 산물로 보지 않고, 여기에 훨씬 더 근본적인 기능을 부여한다는 점 말이다. 따라서 슐레겔·니체·데리다가 실제로 현대 시대의 기원을 믿었다는 사실을 의심하는 사람도 있을 수 있다. 우리 시대를 특징짓는 분열 또는 붕괴를 인용하면서 데리다는 이러한 분열이 "언제나 항상 있었고 작용했다"(SSP, 280)고 덧붙였다. 니체는 "현대적"이라는 말을 거의 가치 폄하 방식으로만 사용했다. 게다가 현대 시대가 시작된 정확한 일자를 대라는 압력에 슐레겔은 먼저 에우리피데스

---

24) Jacques Derrida, "Like the Sound of the Sea Deep within a Shell: Paul de Man's War," *Critical Inquiry* 14 (1988): 590-625.

를 언급했고, 이어서 소크라테스를 덧붙였으며, 그리고 나서 피타고라스를 가리켰다. 슐레겔의 시각에서 피타고라스는 세계 전체를 한 가지 단일한 원리로 파악했던 최초의 인물이었기 때문이다. 이러한 예가 암시하는 바는 슐레겔·니체·데리다에게 급진적인 유형의 반성적 사유가 한 시대의 특권이 아니라 인간의 영원한 특성이라는 것이다. 만약 아이러니와 포스트모던한 것에 대한 권위자들이 있어서 그들에게 포스트모던 시대의 정확한 일자를 알려 달라고 한다면, 아마도 그들은 놀라울 정도로 이른 시기를 가리키면서 그 시기와 인간의 기원을 일치시킬 것이다. 그리고 만약 기원이 없다면 인간의 영원한 위반과 일치시킬 것이다.

물론 여기에 역사 감각이 배제되는 것은 아니다. 그러나 우리가 슐레겔·니체·데리다의 아이러니들을 역사적 문맥에 위치시켜야 한다면 우리는 고전적인 그리스, 이상하게 들리겠지만 플라톤의 아카데미를 선택해야 할 것이다. 슐레겔은 예외였지만 니체·데리다 모두 플라톤을 비판했던 만큼 이러한 사실은 의외일 것이다. 니체는 플라톤이 우리 세계의 퇴락을 암시하고 기독교를 "대중을 위한 플라톤주의"(*FN* 5:12)로 만들어 버린 두 세계의 형이상학의 창시자라고 주장했다. 데리다는 플라톤을 정신과 물질, 영혼과 육체, 말과 글, 남성과 여성 등 모든 이항적 구분을 초래한 이성중심주의와 음성중심주의의 아버지로 보고 있다.

그러나 세 사람 모두 플라톤을 철학자의 원형으로 보았으며, 그들이 포스트모던 시대라는 것을 믿었다면 아마도 플라톤의 그 시대를 포스트모던 시대로 묘사하였을 것이다. 현대의 플라톤 수용에서 가장 영향력 있는 출처가 된 어느 텍스트에서 슐레겔은 다음과 같이 썼다. "플라톤은 분명 철학이 있었지만 철학이 학문 자체가 아니라 학문을 향한 노력과 탐구인 만큼 그에게는 체계라는 것이 없었다. 이 점이 플라톤 철학의 특징이다. 그는 자신의 사유를 완결시키지 않았다. 완전한 지식과 최상의 것에 대한 이해를 위한 정신의 지속적인 움직임과 항상 변화하고 발전하는 아이디어들을 그는 대화 속에 예술적으로 기록해 두고자 했다."(*FS* 11:120) 니체는 플라톤이 죽음을 맞은 침대의 베개 아래에 아리스토파네스의 복사본이 놓여 있었다는 사실에서 플라톤에 대한 가장 인상적인 측면을 찾아내고는 다음과 같이 말했다. "그가 스스로 부정했던 그리스인의 삶을 그는 어떻게 견뎌낼 수 있었을까, 아리스토파네스가 없었다면!"(*FN* 5:47; *GE*, 41) 데리다에게 플라톤은 예술·연극·수사학·글쓰기·신화를 비난했던 이성중심주의의 대표자였다. 하지만 데리다가 볼 때 그는 자신의 텍스트를 예술, 유희, 수사학, 수행적 글쓰기, 신화적 설명으로 가득 채우고 있으며, 이것이 그의 텍스트의 본질이다. 플라톤의 텍스트는 은폐된 텍스트에 대한 데리다의 취향의 원형이라고 볼 수 있다. 사실 데리다에게 플라톤의 텍스트는 **최고의** 텍스트이자 수천 년간 잘못 읽혀져 왔고, 펼칠 때마다 새로운 것을 발견하게 되는 텍스트이기도 하다.[25] 하이데거가 플라톤을 서구 형이상학의 창시자라고 주장했을 때, 그는 어느 정도까지는 그 그리스 철학자를 현대 시대를 출범시킨 인물로 만들었다. 그리고 해체적 독법을 통해 데리다는 플라톤 텍스트의 모순적인 풍요로움을 보여 주면서, 이를 통해 그를 포스트모던 시대의 창시자로 만들고 있다. 만약 그러한 것이 있다면 말이다.

---

25) Jacques Derrida, "Plato's Pharmacy," in *Dissemination*, trans. Barbara Johnson (Chicago: The University of Chicago Press, 1981), 61-171.

역자 후기

  일반적으로 아이러니는 수사적 표현의 일종으로만 이해되어 왔으
나, 사실 아이러니는 단순한 수사적 표현을 넘어 사고와 그 수단으로
서 언어의 본질적 특성과 밀접한 관계가 있다. 따라서 아이러니에 대
한 연구는 언어와 철학 간의 관계에 초점이 맞추어질 수밖에 없다.
이 책은 이러한 문제 의식으로 문학적·철학적 담론에 스며들어 있는
아이러니한 표현의 역사적 맥락을 통해 '현대성'을 규정함에 있어서
아이러니의 역할과 특성을 폭넓게 조망하고 있다.

  아이러니는 인간의 언어만큼이나 오래되었지만, 18세기 중반까지
'말하는 내용과 반대되는 의미를 전달하고자 할 때 사용하는 비유적
표현'이라는 의미를 크게 벗어난 적이 없었다. 그러나 18세기말경에
이르러 그것은 낭만주의 시대에 강조된 시의 자아 반영적 스타일과 동
일시되었으며, 구시대와의 차별성을 강조한다는 의미에서 문학상의
모더니티의 결정적인 표식이 되었다. 이때부터 아이러니는 자신을 현
실에 속박하는 올무를 벗어 버리고 각자의 이상 세계를 찾아나아가려
는 고투와 좌절을 그린다는 낭만주의 문학의 핵심적인 요소가 되었다.

  낭만주의뿐 아니라 모더니즘과 포스트모더니즘에서도 아이러니는
중요한 문학적·철학적 담론의 핵심적 위치를 차지한다. 아이러니의
자아 반영적 시각은 과거와의 단절과 불확실한 미래 사이에서 작가

들·철학자들이 보여 주는 이중적 시각, 이중적 담론의 시발점이기 때문이다. 오늘날 우리는 상호 유대와 결속, 보편적 윤리, 사회적 책무 등 보편적 가치 체계와 개인적 완전성과 자유로움, 유희, 탈중심을 추구하는 경향 간의 사이에서 살아가고 있는 듯하다. 현재 상황이 모더니즘의 연속이라 불리워지든 포스트모더니즘으로 일컬어지든 아이러니가 문제되는 것은 이와 같은 맥락에서이다. 사고와 그 수단으로서 언어 속에 깊이 내재해 있는 이중적 시각, 분열의 유혹과 그 두려움 사이에서 이루어지는 담론은 필연적으로 아이러니할 수밖에 없기 때문이다.

오늘날 아이러니가 새롭게 주목받게 되는 것은 자아 반영적 글쓰기의 이중성뿐 아니라 끊임없는 파괴와 창조라는 속성 때문이기도 하다. 아이러니한 글쓰기는 자신을 파괴하면서 동시에 자기를 창조해 나가는 과정이다. 이와 같은 견지에서 저자는 낭만주의 시대 이래 슐레겔·니체·데리다 등에서 볼 수 있었던 급진적인 유형의 반성적 사유가 한 시대의 특권이 아니라 인문학적 사유의 본질적 특성이며, 이것이야말로 아이러니의 근간이라고 말한다.

아이러니가 수사법의 차원에서만 이해되고 있는 우리나라 상황에서, 이 책은 역사·문학·철학 등 인문학 전반에 걸친 담론들에 대한 통시적 접근을 통해 아이러니에 대한 확장된 시각을 제공해 줄 수 있을 것이다.

색 인

이강훈
한국외국어대학교 대학원 영어영문학과 졸업, 문학박사
서원대학교 영어교육과 교수

신주철
한국외국어대학교 대학원 국어국문학과 졸업, 문학박사
강남대학교 국문과 겸임교수

문예신서
302

아이러니와 모더니티 담론

초판발행 : 2005년 6월 25일

東文選
제10-64호, 78. 12. 16 등록
110-300 서울 종로구 관훈동 74번지
전화 : 737-2795

편집설계 : 劉泫兒 李惠允

ISBN 89-8038-541-2 94100
ISBN 89-8038-000-3 (세트: 문예신서)

【東文選 現代新書】

1 21세기를 위한 새로운 엘리트	FORESEEN 연구소 / 김경현	7,000원
2 의지, 의무, 자유 — 주제별 논술	L. 밀러 / 이대회	6,000원
3 사유의 패배	A. 핑켈크로트 / 주태환	7,000원
4 문학이론	J. 컬러 / 이은경·임옥희	7,000원
5 불교란 무엇인가	D. 키언 / 고길환	6,000원
6 유대교란 무엇인가	N. 솔로몬 / 최창모	6,000원
7 20세기 프랑스철학	E. 매슈스 / 김종갑	8,000원
8 강의에 대한 강의	P. 부르디외 / 현택수	6,000원
9 텔레비전에 대하여	P. 부르디외 / 현택수	10,000원
10 고고학이란 무엇인가	P. 반 / 박범수	8,000원
11 우리는 무엇을 아는가	T. 나겔 / 오영미	5,000원
12 에쁘롱 — 니체의 문체들	J. 데리다 / 김다은	7,000원
13 히스테리 사례분석	S. 프로이트 / 태혜숙	7,000원
14 사랑의 지혜	A. 핑켈크로트 / 권유현	6,000원
15 일반미학	R. 카이유와 / 이경자	6,000원
16 본다는 것의 의미	J. 버거 / 박범수	10,000원
17 일본영화사	M. 테시에 / 최은미	7,000원
18 청소년을 위한 철학교실	A. 자카르 / 장혜영	7,000원
19 미술사학 입문	M. 포인턴 / 박범수	8,000원
20 클래식	M. 비어드·J. 헨더슨 / 박범수	6,000원
21 정치란 무엇인가	K. 미노그 / 이정철	6,000원
22 이미지의 폭력	O. 몽젱 / 이은민	8,000원
23 청소년을 위한 경제학교실	J. C. 드루엥 / 조은미	6,000원
24 순진함의 유혹 〔메디시스賞 수상작〕	P. 브뤼크네르 / 김웅권	9,000원
25 청소년을 위한 이야기 경제학	A. 푸르상 / 이은민	8,000원
26 부르디외 사회학 입문	P. 보네위츠 / 문경자	7,000원
27 돈은 하늘에서 떨어지지 않는다	K. 아른트 / 유영미	6,000원
28 상상력의 세계사	R. 보이아 / 김웅권	9,000원
29 지식을 교환하는 새로운 기술	A. 벵토릴라 外 / 김혜경	6,000원
30 니체 읽기	R. 비어즈워스 / 김웅권	6,000원
31 노동, 교환, 기술 — 주제별 논술	B. 데코사 / 신은영	6,000원
32 미국만들기	R. 로티 / 임옥희	10,000원
33 연극의 이해	A. 쿠프리 / 장혜영	8,000원
34 라틴문학의 이해	J. 가야르 / 김교신	8,000원
35 여성적 가치의 선택	FORESEEN연구소 / 문신원	7,000원
36 동양과 서양 사이	L. 이리가라이 / 이은민	7,000원
37 영화와 문학	R. 리처드슨 / 이형식	8,000원
38 분류하기의 유혹 — 생각하기와 조직하기	G. 비뇨 / 임기대	7,000원
39 사실주의 문학의 이해	G. 라루 / 조성애	8,000원
40 윤리학 — 악에 대한 의식에 관하여	A. 바디우 / 이종영	7,000원
41 흙과 재 〔소설〕	A. 라히미 / 김주경	6,000원

21 華夏美學	李澤厚 / 權 瑚	20,000원
22 道	張立文 / 權 瑚	18,000원
23 朝鮮의 占卜과 豫言	村山智順 / 金禧慶	28,000원
24 원시미술	L. 아담 / 金仁煥	16,000원
25 朝鮮民俗誌	秋葉隆 / 沈雨晟	12,000원
26 神話의 이미지	J. 캠벨 / 扈承喜	근간
27 原始佛敎	中村元 / 鄭泰爀	8,000원
28 朝鮮女俗考	李能和 / 金尙憶	24,000원
29 朝鮮解語花史(조선기생사)	李能和 / 李在崑	25,000원
30 조선창극사	鄭魯湜	17,000원
31 동양회화미학	崔炳植	18,000원
32 性과 결혼의 민족학	和田正平 / 沈雨晟	9,000원
33 農漁俗談辭典	宋在璇	12,000원
34 朝鮮의 鬼神	村山智順 / 金禧慶	12,000원
35 道敎와 中國文化	葛兆光 / 沈揆昊	15,000원
36 禪宗과 中國文化	葛兆光 / 鄭相泓·任炳權	8,000원
37 오페라의 역사	L. 오레이 / 류연희	절판
38 인도종교미술	A. 무케르지 / 崔炳植	14,000원
39 힌두교의 그림언어	안넬리제 外 / 全在星	9,000원
40 중국고대사회	許進雄 / 洪 熹	30,000원
41 중국문화개론	李宗桂 / 李宰碩	23,000원
42 龍鳳文化源流	王大有 / 林東錫	25,000원
43 甲骨學通論	王宇信 / 李宰碩	40,000원
44 朝鮮巫俗考	李能和 / 李在崑	20,000원
45 미술과 페미니즘	N. 부루드 外 / 扈承喜	9,000원
46 아프리카미술	P. 윌레뜨 / 崔炳植	절판
47 美의 歷程	李澤厚 / 尹壽榮	28,000원
48 曼茶羅의 神들	立川武藏 / 金龜山	19,000원
49 朝鮮歲時記	洪錫謨 外/李錫浩	30,000원
50 하 상	蘇曉康 外 / 洪 熹	절판
51 武藝圖譜通志 實技解題	正 祖 / 沈雨晟·金光錫	15,000원
52 古文字學첫걸음	李學勤 / 河永三	14,000원
53 體育美學	胡小明 / 閔永淑	18,000원
54 아시아 美術의 再發見	崔炳植	9,000원
55 曆과 占의 科學	永田久 / 沈雨晟	8,000원
56 中國小學史	胡奇光 / 李宰碩	20,000원
57 中國甲骨學史	吳浩坤 外 / 梁東淑	35,000원
58 꿈의 철학	劉文英 / 河永三	22,000원
59 女神들의 인도	立川武藏 / 金龜山	19,000원
60 性의 역사	J. L. 플랑드렝 / 편집부	18,000원
61 쉬르섹슈얼리티	W. 챠드윅 / 편집부	10,000원
62 여성속담사전	宋在璇	18,000원

63 박재서희곡선	朴栽緒	10,000원
64 東北民族源流	孫進己 / 林東錫	13,000원
65 朝鮮巫俗의 研究(상·하)	赤松智城·秋葉隆 / 沈雨晟	28,000원
66 中國文學 속의 孤獨感	斯波六郎 / 尹壽榮	8,000원
67 한국사회주의 연극운동사	李康列	8,000원
68 스포츠인류학	K. 블랑챠드 外 / 박기동 外	12,000원
69 리조복식도감	리팔찬	20,000원
70 娼 婦	A. 꼬르뱅 / 李宗旼	22,000원
71 조선민요연구	高晶玉	30,000원
72 楚文化史	張正明 / 南宗鎭	26,000원
73 시간, 욕망, 그리고 공포	A. 코르뱅 / 변기찬	18,000원
74 本國劍	金光錫	40,000원
75 노트와 반노트	E. 이오네스코 / 박형섭	20,000원
76 朝鮮美術史研究	尹喜淳	7,000원
77 拳法要訣	金光錫	30,000원
78 艸衣選集	艸衣意恂 / 林鍾旭	20,000원
79 漢語音韻學講義	董少文 / 林東錫	10,000원
80 이오네스코 연극미학	C. 위베르 / 박형섭	9,000원
81 중국문자훈고학사전	全廣鎭 편역	23,000원
82 상말속담사전	宋在璇	10,000원
83 書法論叢	沈尹默 / 郭魯鳳	16,000원
84 침실의 문화사	P. 디비 / 편집부	9,000원
85 禮의 精神	柳肅 / 洪熹	20,000원
86 조선공예개관	沈雨晟 편역	30,000원
87 性愛의 社會史	J. 솔레 / 李宗旼	18,000원
88 러시아미술사	A. I. 조토프 / 이건수	22,000원
89 中國書藝論文選	郭魯鳳 選譯	25,000원
90 朝鮮美術史	關野貞 / 沈雨晟	30,000원
91 美術版 탄트라	P. 로슨 / 편집부	8,000원
92 군달리니	A. 무케르지 / 편집부	9,000원
93 카마수트라	바짜야나 / 鄭泰爀	18,000원
94 중국언어학총론	J. 노먼 / 全廣鎭	28,000원
95 運氣學說	任應秋 / 李宰碩	15,000원
96 동물속담사전	宋在璇	20,000원
97 자본주의의 아비투스	P. 부르디외 / 최종철	10,000원
98 宗敎學入門	F. 막스 뮐러 / 金龜山	10,000원
99 변 화	P. 바츨라빅크 外 / 박인철	10,000원
100 우리나라 민속놀이	沈雨晟	15,000원
101 歌訣(중국역대명언경구집)	李宰碩 편역	20,000원
102 아니마와 아니무스	A. 융 / 박해순	8,000원
103 나, 너, 우리	L. 이리가라이 / 박정오	12,000원
104 베케트연극론	M. 푸크레 / 박형섭	8,000원

도서출판

3001 《새》	C. 파글리아 / 이형식	13,000원
3002 《시민 케인》	L. 멀비 / 이형식	13,000원
3101 《제7의 봉인》 비평 연구	E. 그랑조르주 / 이은민	17,000원
3102 《쥘과 짐》 비평 연구	C. 르 베르 / 이은민	18,000원
3103 《시민 케인》 비평 연구	J. 루아 / 이용주	15,000원

【기 타】

▨ 모드의 체계	R. 바르트 / 이화여대기호학연구소	18,000원
▨ 라신에 관하여	R. 바르트 / 남수인	10,000원
▨ 說 苑 (上·下)	林東錫 譯註	각권 30,000원
▨ 晏子春秋	林東錫 譯註	30,000원
▨ 西京雜記	林東錫 譯註	20,000원
▨ 搜神記 (上·下)	林東錫 譯註	각권 30,000원
■ 경제적 공포〔메디치賞 수상작〕	V. 포레스테 / 김주경	7,000원
■ 古陶文字徵	高 明·葛英會	20,000원
■ 그리하여 어느날 사랑이여	이외수 편	4,000원
■ 너무한 당신, 노무현	현택수 칼럼집	9,000원
■ 노력을 대신하는 것은 없다	R. 쉬이 / 유혜련	5,000원
■ 노블레스 오블리주	현택수 사회비평집	7,500원
■ 딸에게 들려 주는 작은 지혜	N. 레흐레이트너 / 양영란	6,500원
■ 미래를 원한다	J. D. 로스네 / 문 선·김덕희	8,500원
■ 바람의 자식들—정치시사칼럼집	현택수	8,000원
■ 사랑의 존재	한용운	3,000원
■ 산이 높으면 마땅히 우러러볼 일이다 유 향 / 임동석		5,000원
■ 서기 1000년과 서기 2000년 그 두려움의 흔적들 J. 뒤비 / 양영란		8,000원
■ 서비스는 유행을 타지 않는다	B. 바게트 / 정소영	5,000원
■ 선종이야기	홍 희 편저	8,000원
■ 섬으로 흐르는 역사	김영회	10,000원
■ 세계사상	창간호~3호: 각권 10,000원 / 4호: 14,000원	
■ 십이속상도안집	편집부	8,000원
■ 얀 이야기 ① 얀과 카와카마스	마치다 준 / 김은진·한인숙	8,000원
■ 어린이 수묵화의 첫걸음(전6권)	趙 陽 / 편집부	각권 5,000원
■ 오늘 다 못다한 말은	이외수 편	7,000원
■ 오블라디 오블라다, 인생은 브래지어 위를 흐른다 무라카미 하루키 / 김난주		7,000원
■ 이젠 다시 유혹하지 않으련다	P. 쌍소 / 서민원	9,000원
■ 인생은 앞유리를 통해서 보라	B. 바게트 / 박해순	5,000원
■ 자기를 다스리는 지혜	한인숙 편저	10,000원
■ 천연기념물이 된 바보	최병식	7,800원
■ 原本 武藝圖譜通志	正祖 命撰	60,000원
■ 테오의 여행 (전5권)	C. 클레망 / 양영란	각권 6,000원
■ 한글 설원 (상·중·하)	임동석 옮김	각권 7,000원
■ 한글 안자춘추	임동석 옮김	8,000원

東文選 文藝新書 212

영화와 문학의 서술학

문자의 서술, 영화의 서술

프랑시스 바누아

송지연 옮김

《영화와 문학의 서술학》은 영화 서술과 문학 서술에 분석의 도구를 제공하는 책이다. 이 책은 문자와 영화의 차이점을 살펴보고, 이 두 가지 표현 양식이 사용하는 서술의 기본적인 양상들을——인물·시간성·시점·묘사·대화——검토한다.

이 책은 다양한 작품에 대한 구체적인 분석을 통해 문제에 접근한다. 영화에서는 르누아르에서 히치콕, 부뉴엘에서 트뤼포까지, 문학에서는 발자크에서 해밋, 모파상에서 로브 그리예에 이르는 수많은 작품들이 인용되어 있다.

분명한 교육 목적을 가지고 집필된 이 책은 서술 이론과 영화의 문제에 대한 훌륭한 입문서가 될 것이다. 이 책을 읽는 데는 특별한 전문 지식이 필요없기 때문이다. 또한 앙드레 고드로와 프랑수아 조스트의 《영화서술학》은 독자에게 영화 서술 이론의 최근의 발전에 대해 심화된 지식을 제공한다.

東文選 文藝新書 223

담화 속의 논증

루스 아모시

장인봉 [외] 옮김

어떻게 상대방을 설득할 것인가? 이는 사용하는 형태나 수단에 관계 없이 모든 의사 소통이 공통적으로 추구하는 바이다. 특히 언어 활동을 통한 의사 소통에서는 나와 의견이 다르거나 무관심하던 '그들'을 나에게 공감하는 '우리'로 만들기 위해 끊임없이 언어로부터 풍부한 자원을 끌어온다.

전통적으로 고대 그리스의 수사학은 이런 설득술을 중시하였다. 하지만 수 세기를 거치면서 수사학은 논증 차원이 배제되고 표현에만 치중하는 말장난으로 폄하되는 수모를 감수해야 했다. 다행히 뒤늦게나마 20세기 중반부터 시작된 수사학에 대한 재평가와 함께 논증에 대한 연구도 활성화되고 있다. 이 책의 저자 루스 아모시 교수는 수사학적 전통과 화용론을 토대로 논증을 연구한다. 화자에 의한 언어 활동으로서의 '담화' 안에서 진행되는 논증 작용을 보여 주기 위해 다양한 장르의 담화를 분석 대상으로 삼는다. 국회 연설, 여성 운동 전단지, 신문이나 잡지에 실린 논쟁, 문학 작품에 이르기까지 그 대상은 다양하다. 따라서 논증에 쓰인 발화 작용 장치를 연구하는 화용론뿐 아니라, 청중을 설득하고자 하는 정치·법정·광고 등 각 분야에서 참고할 만한 좋은 읽을 거리를 제공할 것이다.

東文選 文藝新書 239

미학이란 무엇인가

마르크 지므네즈

김웅권 옮김

　미학이 다시 한 번 시사성 있는 철학적 주제가 되고 있다. 예술의 선언된 종말과 싸우도록 압박을 받고 있는 우리 시대는 이 학문의 대상이 분명하다고 간주한다. 그런데 미학은 상대적으로 최근에 태어난 것이다. 왜냐하면 예술에 대한 성찰이 합리성의 역사와 나란히 한 역사이기 때문이다. 마르크 지므네즈는 여기서 이 역사의 전개 과정을 재추적하고 있다.

　미학이 자율화되고 학문으로서 자격을 획득하는 때는 의미와 진리에의 접근으로서 미의 문제가 초미의 관심사가 되는 계몽주의의 세기이다. 그리하여 다양한 길들이 열린다. 미의 과학은 칸트의 판단력도 아니고, 헤겔이 전통과 근대성 사이에서 상상한 예술철학도 아닌 것이다. 이로부터 20세기에 이루어진 대(大)변화들이 비롯된다. 니체가 시작한 철학의 미학적 전환, 미학의 정치적 전환(특히 루카치 · 하이데거 · 벤야민 · 아도르노), 미학의 문화적 전환(굿맨 · 당토 등)이 그런 변화들이다.

　예술이 철학에 여전히 본질적 문제인 상황에서 과거로부터 오늘날까지 미학에 대해 이 저서만큼 정확하고 유용한 파노라마를 제시한 경우는 드물다.

　마르크 지므네즈는 파리I대학 교수로서 조형 예술 및 예술학부에서 미학을 강의하고 있다. 박사과정 책임교수이자 미학연구센터 소장이다.

東文選 文藝新書 242

문학은 무슨
생각을 하는가?

피에르 마슈레

서민원 옮김

문학과 철학은 어쩔 도리 없이 '엉켜' 있다. 적어도 역사가 그들 사이를 공식적으로 갈라 놓기 전까지는 말이다. 이 순간은 18세기 말엽이었고, 이때부터 '문학'이라는 용어는 그 현대적인 의미에서 사용되기 시작하였다.

문학이 독자들에게 제공하는 즐거움과는 우선 분리시켜 생각하더라도 과연 문학은 철학적 가르침과는 전연 상관이 없는 것일까? 사드 · 스탈 부인 · 조르주 상드 · 위고 · 플로베르 · 바타유 · 러셀 · 셀린 · 크노와 같은 작가들의, 문학 장르와 시대를 가로지르는 작품 분석을 통해 이 책은 위의 질문에 긍정적인 대답을 하고 있다. 왜냐하면 문학은 그 기능상 단순히 미학적인 내기에만 부응하지 않는 명상적인 기능, 즉 진정한 사유의 기재이기 때문이다. 이미 널리 인정되고 있는 과학철학 사상과 나란한 위치에 이제는 그 문체로 진실의 효과를 창출하고 있는 문학철학 사상을 가져다 놓아야 할 때이다.

피에르 마슈레는 팡테옹—소르본 파리 1대학의 부교수이다. 주요 저서로는 《문학 생산 이론을 위하여》(마스페로, 1966), 《헤겔 또는 스피노자》(마스페로, 1979), 《오귀스트 콩트. 철학과 제 과학들》(PUF, 1989) 등이 있다.

東文選 文藝新書 217

작은 사건들
— INCIDENTS

롤랑 바르트
김주경 옮김

　이 책의 출간은 많은 스캔들을 불러일으켰는데, 바르트의 동성애가 처음으로 공공연하게 알려졌기 때문이다.

　116쪽(원서)의 짧은 책은 4편의 텍스트로 구성되었으며, 그 중 2편은 미발표의 글로 1968년과 1969년에 씌어진 수필 모로코에서의 〈작은 사건들〉과 1979년 8월과 9월에 씌어진 일기 〈파리의 저녁 만남〉이 그것이다. 1980년 당시 사회당 당수였던 프랑수아 미테랑과의 회식에 참석한 후 걸어서 귀가하던 중 작은 트럭에 치여 병원으로 이송되었으나 한 달 만인 3월 26일 사망한 바르트는, 처음에는 심각하지 않은 것으로 알려졌지만 회복을 위해 별 노력을 기울이지 않았다 하여 한때 자살이라는 소문이 돌기도 하였다. 〈파리의 저녁 만남〉에 실린 1979년 9월 17일자 일기의 마지막 대목은 그래서 가슴에 남는다. "피아노를 연주한 다음, 일할 것이 있다는 말로 그를 돌려보냈다. 이젠 끝났음을 알았기 때문이다. 그와의 관계만이 아니라 그 무엇인가도 함께 끝이 났다. 젊은이와의 사랑이 끝난 것이다."

　바르트의 유작 관리 책임을 맡은 프랑수아 발은 "여기 있는 텍스트들을 한 책에 실을 수 있게 만든 연결점, 그것은 글쓰기를 통해 순간을 포착하려고 노력했다는 점이다"라고 〈편집인의 글〉을 시작하고 있다.